August Graf von Kageneck · Zwischen Eid und Gewissen

August Graf von Kageneck

Zwischen Eid und Gewissen

Roland von Hößlin
Ein deutscher Offizier

Ullstein

© 1991 Verlag Ullstein GmbH, Berlin · Frankfurt am Main
Alle Rechte vorbehalten
Satz: Dörlemann-Satz, Lemförde
Druck und Verarbeitung: Wiener Verlag, Himberg
Printed in Austria 1991
ISBN 3 550 07805 6

Die Deutsche Bibliothek – CIP-Einheitsaufnahme

Kageneck, August Graf von:
Zwischen Eid und Gewissen: Roland von Hösslin, ein deutscher Offizier /
August Graf von Kageneck. – Berlin; Frankfurt am Main: Ullstein, 1991
ISBN 3-550-07805-6

INHALT

ZUM GELEIT

Die jungen Deutschen, die in der Zeit des Nationalsozialismus aufwuchsen, die als Soldaten den Zweiten Weltkrieg miterlebten, sind heute zwischen 70 und 80 Jahre alt. Sie treten ab. Aber sie hinterlassen ein Vermächtnis, das sich nicht in der unreflektierten Weitergabe des Erlebten erschöpfen darf. Ihre Eindrücke und Erfahrungen müssen vor dem Hintergrund des Erlebten durchdacht und als Botschaft der nachfolgenden Generation übermittelt werden.

Wir erleben heute einen neuen Anfang Deutschlands, unseres Vaterlandes. Um diese schwere Herausforderung zu bestehen, brauchen wir neue Kräfte und die Wiederbelebung alter Tugenden.

Nur wer seine Vergangenheit kennt und aus ihr lernt, wird sich der Zukunft gewachsen zeigen. Die nachfolgende Generation soll Kraft schöpfen und in Gestalten unserer Vergangenheit Vorbilder finden. Die Zeit ist gekommen, uns nicht nur die Belastung durch unsere Vergangenheit vorhalten zu lassen. Wir haben auch Grund, stolz zu sein auf Männer und Frauen, die vor nunmehr beinahe einem halben Jahrhundert, jeder an seinem Platz – hoch oder niedrig – mit dem Ziel der Beseitigung des Regimes einer verbrecherischen Führung die Stirn geboten haben. Die Männer und Frauen des Widerstandes dürfen nicht vergessen werden! Sie gehören heute zu den Aktivposten unserer Geschichte, zu den Erneuerern. Sie waren Patrioten, die unser Volk vor Schmach bewahren und durch ihr Opfer wieder auf eine rechte Bahn bringen wollten.

Die Männer und Frauen, die ihr Leben gaben, stehen mit ihren Namen für viele Bekannte und Unbekannte. Churchill, der britische Kriegspremier und kompromißloseste Gegner

Deutschlands, bezeichnete die deutsche Opposition in einer Unterhausrede »als zum Edelsten und Größten gehörig, was in der politischen Geschichte aller Völker je hervorgebracht wurde«.

Haben wir, die Zeitzeugen, und die nachfolgende Generation nicht eine Dankespflicht gegenüber den Opfern und ihren in Trauer gestürzten Familien?

Von unserer Jugend wurden wir in den zurückliegenden Jahrzehnten immer wieder gefragt: »Wie konntet ihr es zulassen?« Diese Jugend soll wissen, daß es in dem großen Dunkel unserer Verfehlungen auch Licht gegeben hat: Männer und Frauen, denen das höchste Opfer nicht zu groß war, die aufrechten Hauptes und gefaßt für ihre Überzeugung eingestanden und in den Tod gegangen sind, um die Majestät des Rechtes wiederherzustellen. Sie sind es wert, für immer in unserem Bewußtsein zu leben.

Augsburg, im April 1991
Hartmut von Hößlin

Vorwort

»Roland von Hößlin, Hauptmann und Kommandeur einer Panzeraufklärungsabteilung, Träger des Ritterkreuzes des Eisernen Kreuzes, geb. 21. 2. 1915, gefallen am 12. 7. 1942 bei El Alamein, Nordafrika.«

So, oder ähnlich, hätte eine der täglich bis zu zwanzig Todesanzeigen im vierten Kriegsjahr 1942 lauten können, die die Innenseiten des »Deutschen Adelsblattes« oder der »Frankfurter Zeitung« füllten. »Gefallen«, hätte es je nach Einstellung der Familie geheißen, für »Führer, Volk und Vaterland« oder einfach »für sein Land und seine Heimat«. Roland von Hößlin wäre dann einer der vielen hunderttausend junger deutscher Offiziere gewesen, die der Zweite Weltkrieg dahinraffte. Sein Name hätte in vergilbten Totenzetteln in den Gebetbüchern der Familie gestanden oder, gemeißelt, kaum weniger verblaßt, auf einer »Heldengedenktafel« seiner schwäbischen Heimat.

Aber der englische, australische, oder neuseeländische Scharf- oder Maschinengewehrschütze, der seine Waffe damals im Sommer 1942 auf die in Wüstendunst und Hitzeflimmer anspringenden Deutschen richtete, drückte etwas zu früh oder zu spät ab, als daß seine Kugel den Hauptmann von Hößlin tödlich getroffen hätte. Sie drang dem 27jährigen Offizier durch den rechten Oberarm und verlor sich irgendwo im Wüstensand. Hößlin hatte, nach dem Kriegerjargon der Zeit, einen »Heimatschuß« abbekommen.

Viele wurden mittelschwer verwundet, kamen nach Hause, wurden wieder zurechtgeflickt, gingen wieder hinaus, wurden wieder verwundet oder fielen, zermalmt in der nie rastenden Mühle des Krieges. Er aber traf auf Claus Stauffenberg, einen Regimentskameraden und geriet in den Kreis jener, die von

9

dieser zentralen Persönlichkeit des deutschen Widerstandes gegen Hitler angezogen wurden. So wurde Hößlin selber zum Teilnehmer am Widerstand, und sein Leben endete nicht an der Front, sondern am Galgen. Und das hebt ihn über die vielen hinaus, die, nicht weniger tapfer, aber blinder, ihr Leben in diesen blutigen Zeiten verloren, an der Front, vor dem Feind, für Führer, Vaterland, Volk und Heimat, oder unter den Bomben . . .

Dennoch: Dies aufzuzeichnen, ein halbes Jahrhundert später, nach all der Literatur über den Krieg und den Widerstand, nach all dem Tumultuösen der deutschen Nachkriegsgeschichte mit Mauer und Trennung, Perestroika, Mauersturz und Wiedervereinigung – lohnt sich das, ist es noch zeitgerecht? Gerecht in einer Zeit der vermeintlich rapide abnehmenden Bedrohung und damit Entwertung des Militärischen, in der der »Offiziersstand« sich wandelt in eine Berufssparte von Sicherheitstechnikern ohne jeden Dünkel oder besondere Ethik? Wir haben eine Zeitenwende, und alles, was davor war, dünkt so anachronistisch wie die Gefühlswallungen eines römischen Hauptmanns im Gallien des 3. Jahrhunderts.

Dennoch glaube ich, daß die kurze Lebensgeschichte des Roland von Hößlin auch den Nachgeborenen etwas zu sagen hat. Einmal, weil sie sich die Zeiten, in denen er lebte, überhaupt nicht mehr vorstellen können, und weil sie so waren, daß sie nie vergessen werden dürfen. Es waren die Zeiten der entwerteten Werte und der geschundenen Traditionen. Muß nicht eine der nobelsten Bezeichnungen, die die deutsche Sprache für die Hingabe des Lebens für das Vaterland fand, »gefallen auf dem Feld der Ehre«, hinterfragt werden, wo Deutschland zum Feld der Unehre geworden war?

Nach all dem brauchen wir nicht zu fragen, wenn wir uns Roland von Hößlin vorstellen. Sein Leben verlief geradlinig und weist deshalb über die Zeit hinaus, bleibt vorbildlich auch für spätere Generationen. Erzogen in einer Familie von Militärs nach jahrhundertelanger Überlieferung zu selbstverständlicher Pflichterfüllung gegenüber seinem Land und seiner Gesellschaft, dachte er ähnlich wie die Masse seiner Zeitgenossen. Er ragte erst in dem Augenblick über sie hinaus, als ihn das Schicksal mit dem Mann zusammenführte, der ihm die Wahrheit über das Regime enthüllte. Als sich ihm die Augen öffneten, verschloß er sie nicht wieder, wie das viele getan haben mochten, sondern stellte sich zur Verfügung. Zur Verfügung für ein Unternehmen, an dessen Ende die Beseitigung des Monsters und die Wiederherstellung der deutschen Ehre stehen sollten. Das Unternehmen scheiterte. Selbst wenn Hößlin keinen aktiven Anteil mehr an ihm nehmen konnte, seine Mitverschwörerschaft war erwiesen und sein Leben damit verwirkt.

Wie er dazu kam, wie er sich vom begeisterten jungen Offizier und Haudegen an der Front, mit viel Blick für das Schöne und Edle im Mitmenschen und in der Natur, zum erbitterten Widersacher des schändlichen obersten Kriegsherrn wandelte, hat er uns selber in einer langen Serie von Briefen hinterlassen, deren Noblesse und schriftstellerische Schönheit ihn allein schon über andere hinausgehoben hätten. In erster Linie soll dieses Buch aus ihnen sprechen, ergänzt durch Berichte von Menschen, die Roland von Hößlin nahestanden oder seinen Weg kreuzten.

Als Angehöriger des Jahrgangs 1922, Zeitzeuge und Teilnehmer am Krieg, beschränke ich mich auf einige verbindende Texte zum näheren Verständnis der Zeitläufe. Ich durfte mich dabei dankbar auf die Vorarbeit der vielen stützen, die sich schon vor mir mit der Person dieses außergewöhnlichen Menschen befaßt hatten.

11

EIN KIND SEINER ZEIT

Donnerstag, 12. Oktober 44

Meine lieben Eltern und Geschwister!

Gestern abend besuchte mich mein amtlich bestellter Verteidiger; er kündigte mir eine Verhandlung für morgen an und
eröffnete mir dabei, daß nach Lage meiner Sache ein anderes
als ein Todesurteil nicht zu erwarten sei.

Ich trete also an zu meiner letzten Schlacht. Wieder stehe
ich in der Wüste. Ihre Grenzenlosigkeit geht über in die
Unendlichkeit des Universums. Neben mir und um mich
spritzen heulend die Fontänen krepierender Granaten auf.
Doch diesmal weiß ich, das Schicksal ist unausweichlich, im
nächsten Augenblick wird es auch dich treffen. Mein Herz
bebt, aber es wankt nicht. Es bleibt mir nur noch der Schmerz
der Todessekunde ...

Meine äußere Ehre als Offizier ist mir genommen. Der
Erfolg und die Tatsachen sprechen gegen mich. Das letzte
Urteil spricht die unbestechliche Geschichte. Ich mag geirrt
haben. Der Antrieb meines Handelns war jedoch nur die
Pflicht. Ich fühle meine innere Ehre unverletzt ...

Aus einem Brief des Majors Roland von Hößlin, geschrieben
am Tag vor seiner Verhandlung vor dem Volksgerichtshof.

Diese tapferen Worte im Angesicht des Galgens heben Roland
von Hößlin weit über seine Zeitgenossen hinaus. Ein Kind
seiner Zeit ist er nur in dem Sinne, daß ihn diese Zeit, seinem
Charakter, seiner Herkunft und seinen Idealen gemäß, in unlös-
bare Konflikte stürzte. Es war die Zeit, in der die Menschenrechte, wie wahrscheinlich nie zuvor, mit Füßen getreten wur-

den, in der ein Mann in Deutschland die Macht an sich gerissen hatte, der gewiß zu den größten Verbrechern der Geschichte gehört. Eine Zeit, in der bei vielen Menschen das Gewissen schwieg und in der hehre Werte wie Treue, Nächstenliebe, Pflichtbewußtsein, Selbstlosigkeit, Vaterlandsliebe und Gehorsam für die niedrigsten Machenschaften mißbraucht wurden.

Als Roland von Hößlin – anders als die meisten seiner höchsten soldatischen Vorbilder, die Generalfeldmarschälle und Generale, die nicht den Mut fanden, dem Ungeheuer, von dessen Verbrechen sie wußten, in den Arm zu fallen – sein Gewissen über alles stellte, hatte er einen langen Weg quälender Zweifel hinter sich. Wie sein Brief beweist, stand er zu seiner Entscheidung bis zur bitteren Konsequenz. Sein Leben begann im Krieg, und es endete im Krieg.

Als er am 21. Februar 1915 in München zur Welt kam, war der Erste Weltkrieg gerade sieben Monate alt, und als er am 13. Oktober 1944 in Berlin hingerichtet wurde, hatte der Zweite Weltkrieg bis zu seinem Ende noch einmal sieben Monate vor sich. Der Krieg war für die Menschen dieser ersten Hälfte des 20. Jahrhunderts so etwas wie eine Selbstverständlichkeit geworden, und die kurze Spanne zwischen den beiden Kriegen war so voller Spannungen in Europa, daß die Historiker mit Recht für die Jahre ab 1914 von einem 30jährigen Krieg sprechen, dem zweiten in der »Alten Welt« in 300 Jahren.

Damals, im Februar 1915, mußte die Mutter Rolands wie Tausende anderer Kriegsmütter ihr erstes Kind allein zur Welt bringen. Der Vater stand als Offizier im Feld. Wie lange der Krieg noch dauern würde, war völlig unklar. Im Westen und Osten waren die Offensiven der deutschen Armeen zum Stehen gekommen. Im Westen herrschte Grabenkrieg, im Osten belauerten sich riesige Feldheere aus Russen, Deutschen, Österreichern und Ungarn gegenseitig nach erfolglos hin- und herwabernden Angriffen und Gegenangriffen.

Rolands Vater war Offizier im 4. bayerischen Chevauxlegers-Regiment, Kavallerist also, wie das damals in adligen Familien

selbstverständlich war. Selbstverständlich war auch die Berufswahl. Rolands Großvater, Richard von Hößlin, 1853 geboren,
war bayerischer Generalleutnant. Man war Offizier aus Leiden-
schaft, Tradition, Ethos und gesellschaftlicher Ambition. Das
Militär war, wie in anderen Ländern Europas auch, ganz hoch
oben angesiedelt auf der menschlichen Erfolgsleiter. Man
brauchte es dringend, weil es immer wieder einmal Kriege gab
und dazwischen gewaltige stehende Heere. Wer also den Offiziersberuf wählte, war sicher, gut ausgesorgt und gesellschaft-
lich hoch angesehen zu sein, sein Leben lang.

Dabei waren die Hößlins keinesfalls immer eine Familie von
ausgepichten »Militaristen« gewesen. Sie gehörten zum alten
schwäbischen Adel. Seit etwa 1530 waren sie schon als Lindauer
Patrizierfamilie belegt, die im Silberschmiedehandwerk tätig
war und es später auf industrieller Basis betrieb. Nach dem
30jährigen Krieg, als Handel und Wandel im verwüsteten Europa aufzublühen begannen, verlegte man sich auf den Fern-
handel in Silber. Ab 1780 kam eine Schiffahrtslinie hinzu, die
über Niederlassungen in Dresden, Warschau, Triest und Vene-
dig verfügte. Ein für damalige Verhältnisse »weltumspannendes
Netz«. Und als die Geschäfte blühten, wurden die Hößlins
Banker. Als solche unterstützten sie sogar das Haus Habsburg
mit Krediten, und wenn es später zu einem zeitweiligen Nieder-
gang in den Geschäften des Hauses kam, so wegen der säumi-
gen Rückzahlungen der Wiener Hofburg.

Erst im 19. Jahrhundert finden wir regelmäßig Militärs in den
Annalen der Familie, wohl eine Folge vom Entstehen des Natio-
nalstaates Deutschland und seines wachsenden Bedarfs an stän-
diger militärischer Repräsentanz. Richard von Hößlin bringt es
zum Generalleutnant, sein Sohn Hubert zum Generalmajor.
Als Rittmeister hatte Hubert von Hößlin ein Fräulein Rist ge-
heiratet, das ebenfalls aus einer alten bayerischen Offiziersfami-
lie stammte. Auch Huberts Schwiegervater war Generalleutnant. So standen an der Wiege des jungen Roland von Hößlin in
jenem zweiten Kriegsjahr 1915 lauter kriegerische Feen, und
wenn es damals schon wie heute Soldaten in Röcken gegeben
hätte, hätten sie alle Uniform getragen. Zum Verständnis der

heutigen Jugend sei es noch einmal gesagt: Es waren kriegerische Zeiten, das Militär war der beherrschende Stand in der
gesellschaftlichen Hierarchie, und für einen jungen Mann aus
»gutem Hause« kam gar nichts anderes in Frage als den bunten
oder grauen Rock der Väter und Großväter anzuziehen.

Nun, vielleicht hatte wenigstens eine der Feen an Rolands
Wiege sich »zivil« eingekleidet; denn es gibt in der Familie
Hößlin durchaus auch einen musisch-künstlerischen Zug, der
sich in dem jungen Roland von Jahr zu Jahr stärker ausprägen
sollte. Betrachten wir sein Bild, so verblüfft, bei aller Härte und
grimmigen Entschlossenheit des gut geschnittenen Gesichts,
der romantisch-fragende Zug um seine Augen. Lesen wir in den
außerordentlich vielen Briefen, die er in seinem kurzen Leben
an Großeltern, Eltern, Geschwister und Kameraden richtete, so
entdecken wir ein großes schriftstellerisches Talent und eine
geradezu künstlerische Beobachtungsgabe. Er wird nicht müde,
von seinen Besuchen in Theatern und Konzertsälen zu berichten. Die Zeit, die er dafür aufwandte, spiegelt zwar den Hunger
der damaligen Menschen nach Kultur in einer Welt der Be-
drängnis wider, steht aber in keinem Verhältnis zu dem normalen Aufwand, den ein junger Offizier im Krieg für diesen Hunger aufbrachte, und erscheint der heutigen Generation nahezu
unverständlich. Roland von Hößlin war ein ganz und gar musi-
scher Mensch, und das mag ihn zu seinen außerordentlichen
Anlagen befähigt haben, die er in der Führung von Menschen
bewiesen hat. Weil er musisch veranlagt war, weil er »hinter die
Dinge« zu schauen vermochte, weil er im anderen, auch wenn er
untergeben oder gar Feind war, zuerst den »Mit-Menschen«
sah, konnte er die ihm Anvertrauten begeistern, mitreißen,
motivieren, kurz, führen. Seine Autorität war nicht geliehen, sie
kam von innen. So entsprach er dem Ideal, das zu allen Zeiten in
allen Armeen für die Offiziere gültig war.

War Roland von Hößlin ein religiöser Mensch? Sein Elternhaus war evangelisch, es gab aber keinen regelmäßigen Sonntags-
gottesdienst, und die Erziehung war nicht religiös-kirchlich. Aber
man glaubte natürlich an Gott. Eine religiöse Grundstimmung
war vorhanden, auch wenn sie nicht ständig beschworen wurde.

Erst in seinen letzten Briefen zwischen Todesurteil und Hinrichtung werden wir mit Erschütterung wahrnehmen, wie stark Roland sich seinem Herrgott zukehrte und in dieser Zukehrung Kraft für seinen schweren letzten Gang fand.

Was die Politik anging, so war man »deutsch-national« im Hause Hößlin. Das war damals in den Familien deutscher Militärs die am weitesten verbreitete politische Grundeinstellung. Man trauerte der Monarchie nach, konnte die Niederlage von 1918 nicht verwinden, haßte den Versailler Vertrag und sah in dessen moralischem Appendix, Deutschland die alleinige Schuld am Ausbruch des Weltkrieges zuzuschieben, die gemeinste Perfidie der Sieger. Man stand der Weimarer Republik mit Skepsis gegenüber und sah in der Person des ehrwürdigen Reichspräsidenten Hindenburg, des Siegers von Tannenberg, die Garantie des einstmaligen Wiederaufstiegs aus der nationalen Schande. Dem Schreihals Adolf Hitler, der da in Münchner Bierkellern die nationale Revolution gegen die »Novemberverbrecher« verkündete, brachte man instinktiv Mißtrauen entgegen, und in den braunbehemdeten Schlägertrupps des Revoluzzers sah man eher Angehörige eines Gangster-Syndikats als Vorläufer einer kommenden neudeutschen Elite. Nur wenn Hitler gegen das Versailler »Schanddiktat« wetterte und dessen Abschaffung zu seinem vornehmsten außenpolitischen Ziel erklärte, applaudierte man. Hier brachte der »Braunauer« Saiten der deutschen Seele zum Klingen, die von der Hybris der Entente-Mächte aufs äußerste strapaziert worden waren.

Über Rolands Jugendjahre haben wir wenig Zeugnisse aus seiner Umgebung und kaum von ihm selbst. Da sein Vater sich nach seiner Demobilisierung Anfang der zwanziger Jahre der Militärhistorie zugewandt hatte, finden wir bei dem Zehnjährigen früh Interesse an geschichtlichen, vor allem kriegsgeschichtlichen Fragen. Roland verschlingt Bücher über Friedrich den Großen und Napoleon. Von der Schule bringt er gute Noten nach Hause, vor allem in Deutsch und Geschichte. Er treibt viel Sport und lernt, von seinem kavalleristischen Vater dazu angehalten, früh das Reiten, eine Fortbewegungsart, die ihn schon als Sekundaner auf die spätere Berufswahl hinlenkt. Über den Wert der

16

Reitausbildung für die Erziehung eines jungen Menschen haben schon Ägypter, Griechen und Römer gescheite Abhandlungen verfaßt. Daß er unverändert besteht, beweist das starke Aufkommen der zivilen Reiterei in unserer Zeit zunehmender Motorisierung.

Wie jeder junge Mensch suchte er den Kontakt mit gleichgesinnten anderen jungen Menschen. Er schloß sich den »Holmbergern« an, einer kleinen, national eingestellten, konfessionell nicht gebundenen Gruppe von jungen Söhnen aus Beamten- und Offiziersfamilien. Man scharte sich um Holmberg, einen ehemaligen Kadetten aus dem Ersten Weltkrieg, und machte Ausflüge in die Umgebung, zu Fuß oder auf dem Fahrrad. Bei den Halts gab es Diskussionen, die auch die Politik nicht aussparten. Roland hat den »Holmbergern« bis zu seinem Eintritt in das Bamberger Reiterregiment und darüber hinaus in loser Verbindung die Treue gehalten. Aus seiner Umgebung wissen wir, daß die Gruppe die jugendliche Denkrichtung Rolands stark geprägt hat.

Vielerlei Eindrücke stürzten damals auf einen jungen Menschen ein. Nicht nur das Elternhaus prägte. Wer etwas sein wollte, trat einer Gruppierung bei. Da gab es viele Angebote, die »Scharnhorst-Jugend« zum Beispiel, jugendliches Anhängsel des erz-deutschnationalen »Stahlhelm«-Verbandes, oder die »Neudeutschen«, eine stark katholisch geprägte Vereinigung höherer Schüler. Die »Falken« warben um Zulauf zum Sozialdemokratismus als Alternative zur mächtigen kommunistischen Partei, und immer stärker schob sich, ab 1928, als Roland dem Holmberger Kreis beitrat, die »Hitlerjugend« in den Vordergrund, die sich in einer verführerischen Mischung aus Kurzweil, Sport, Gesanges- und Marschromantik à la »Wandervogel« und patriotischer Indoktrinierung als das Integrationsbecken schlechthin für alle empfahl, die sich nicht den »Roten« oder »Rosaroten« zuwenden wollten.

Beigetreten ist Roland der Hitlerjugend nie. Die »Holmberger« genügten ihm für Tatendrang und Wissensdurst. Und die fanden ihn, wie einer von ihnen heute bezeugt, »immer auf eine stille Art fröhlich – und sehr gut aussehend«.

17

Jenseits von sonntäglichen Märschen und Liedern zur Klampfe aber wartete das eigentliche, das hehre Ziel: der Eintritt in die Armee als höchste Stufe des Dienstes am Vaterland. So meldete sich Roland schon 18jährig, noch vor dem Abitur, freiwillig zur Truppe, die damals noch »Reichswehr« hieß und – nach den Bestimmungen des Versailler Vertrages – nur 100 000 Mann umfaßte. Als Waffengattung kam für den jungen Pferdesportler nur die Kavallerie in Frage, und in ihr wieder nur ein Regiment, das Reiterregiment Nr. 17 in Bamberg, das die Tradition aller ehemaligen bayerischen Reiterregimenter, darunter auch das seines Vaters, in sich vereinte.

Rolands Vater hatte bei dem Umschwung, den die Machtergreifung Hitlers im Januar 1933 mit sich brachte, wieder an eine Rückkehr ins Militär gedacht. Als aus der Reichswehr die Wehrmacht wurde, ein von allen vertraglichen Fesseln befreites neues deutsches »Volksheer«, beantragte Hubert von Hößlin seine Wiedereingliederung in den Dienst. Am 1. März 1935 trat er als Major »E« (für »Ergänzung«) in die Wehrmacht ein. Er tat, wie im ersten Weltkrieg, Dienst im Generalstab. Zu Kriegsbeginn war er aktiver Oberst, am 1. September 1943 Generalmajor.

Für seinen Sohn verging nach seiner Freiwilligenmeldung noch ein Jahr, ehe er die Uniform anlegen konnte. Im März 1934 machte er am Wilhelm-Gymnasium in München sein Abitur, und noch im gleichen Monat meldete er sich am Tor der imposanten »Lagarde«-Kaserne in Bamberg zum Dienstantritt.

DER BAMBERGER REITER

Die Kaserne, die nun für Jahre seine zweite Heimat werden sollte, war ein weit angelegtes Areal mit mehrstöckigen Blöcken aus rotem Ziegelstein für die Mannschaften und flachen Stallungen für die Pferde der I., berittenen Abteilung des Regiments, die um weit ausladende Abreitplätze und Springanlagen herum gebaut waren. Es gab viel Luft auch um die kargen Kasernenhöfe, und man brauchte sie; denn der Dienst war hart im Hunderttausendmann-Heer des Jahres 1934: Aufstehen um 5 Uhr, um 21 Uhr Bettruhe, dazwischen stundenlanger Stalldienst mit Pferdepflege nach den Pfiffen des Wachtmeisters, Exerzieren, Schießen, Geländeausbildung, Reitausbildung, Fahrausbildung, langes Pedalieren über Stock und Stein auf dem Fahrrad, dem zweiten, etwas lautloseren Fortbewegungsmittel eines Aufklärers. Alles im Trab, alles mit Gesang und lange Unterrichtsstunden mit Kampf gegen die Müdigkeit, vor allem, wenn man in der Nacht vorher Stallwache hatte, mit vierstündigem Rundgang durch die endlosen gepflasterten Stallgassen und der großen Versuchung, sich im Heu oder Stroh ein wenig auszuruhen – und der Gefahr, dann einzuschlafen.

Roland von Hößlin nahm das, wie Zeugen berichten, mit Begeisterung, wenn auch einer äußerlich eher stillen Freude am Dienst, auf sich. Er hatte sich fast mönchisch auf seinen Offiziersberuf eingestellt. Kameraden von damals schildern ihn als zurückhaltend, fast schüchtern, eher verletzlich als aufbrausend. »Ein treuer Freund, wenn auch nur wenigen sich ganz erschließend«, sagt von ihm Peter Sauerbruch, der zwei Jahre ältere, spätere Regimentsadjutant, der wie er zum Widerstand stoßen sollte. Seine Jahrgangskameraden nannten ihn bald den »Marquis«, ein Spitzname, der nicht unbedingt abwertend sein mußte, aber gewiß stand er für seine zurückhaltende, feine, stets auf korrekteste Haltung bedachte Art. Was ihn indes nicht hinderte, sich bei der knochenharten Ausbildung bis zur Erschöpfung einzusetzen. Im Schießen, Laufen, vor allem Reiten machte dem jungen Mann aus München, der durch die berühmte Münchner Landespolizei-Reitschule gegangen war, niemand etwas vor. Er ritt nicht besonders gut, aber passioniert.

Kavallerieregimenter waren damals, wie in den meisten alten »Soldatennationen« von heute auch, sehr »feine Haufen«. Die 17er in Bamberg machten da keine Ausnahme. Das Offizierskorps bestand zu einem überdurchschnittlichen Anteil aus Aristokraten, und auch die nicht-adeligen Mitglieder kamen aus alteingesessenen Familien. Man verstand sich mit einem Augenzwinkern, duzte sich unter Gleichrangigen, »inhalierte« zu besonderen Anlässen Unmengen von Alkohol und trank auch mal ein Glas auf den letzten bayerischen König, dessen Porträt als »Chef« vieler alter Traditionsregimenter im Kasino hing. Es gab einen ausgeprägten Korpsgeist, auf den man stolz war. Den seltenen Ausgang nutzte man zu Besuchen bei den Familien, die in Bamberg oder der näheren Umgebung ihren Besitz hatten. Zu einem Flirt blieb dabei wenig Zeit, auch auf den gelegentlichen Bällen. Der Dienst verschlang den ganzen Fahnenjunker mit Haut und Haaren.

Zu Hößlins Freunden aus den ersten Dienstjahren gehörten der schon erwähnte Peter Sauerbruch, ein entfernter Vetter, Konrad von Woellwarth, Walter Frick, ein Sohn des Reichsinnenministers, der sich von seinem Vater abgewandt hatte, und viele Kameraden seines Jahrgangs. Durch Sauerbruch lernte er auch den Mann kennen, der sein Schicksal werden sollte, den um fast acht Jahre älteren Grafen Claus Schenck von Stauffenberg, damals bereits Rittmeister und angehender Generalstäbler. Stauffenberg mag den jungen Dachs damals kaum beachtet haben, er war ein Mann mit berstender Energie und nicht endendem Drang zur Organisation, der seinen Blick auf ganz andere Horizonte als die Ausbildung der Fahnenjunker des Regiments lenkte. Beider Kontakt dauerte auch nicht lange, da der Rittmeister bald an die Kriegsakademie versetzt wurde.

20

Umgekehrt aber dürften sich die unwiderstehlich charismatischen Züge dieses außergewöhnlichen Offiziers und Edelmannes unvergeßbar in das Bewußtsein des Jungen eingebrannt haben. Beide haben sich erst viel später, nur kurz, und schon im Brennpunkt der äußersten Entscheidung, wiedergesehen. Aber Hößlin, der ein feines Unterscheidungsvermögen besaß und sehr schnell den Weizen von der Spreu zu trennen wußte, wird sich den Namen unter den vielen, die in den ersten Monaten seiner Dienstzeit auf ihn einstürmten, eingeprägt haben.

Drei Monate nach seinem Dienstantritt passierte im Reich etwas Merkwürdiges. Die Zeitungen berichteten Anfang Juli in sibyllinischen Schlagzeilen, der Führer habe einen Putsch der SA unter deren Führer Ernst Röhm niedergeschlagen und damit schwerste Gefahr von Volk und Reich abgewehrt. Erst Tage später erfuhr man, bruchstückweise, daß da wohl eine fürchterliche Nacht der langen Messer stattgefunden haben mußte, in München und in Berlin, und daß eine ganze Reihe von bisher hochangesehenen Politikern, ehemaligen Ministern und hohen Staatsbeamten einfach umgebracht worden war. Wie reagierte der 19jährige? Wir wissen es nicht. Aber sein Bruder Hartmut bezeugt, daß der Familie Hößlin damals die ersten Zweifel am Regime des neuen Führers kamen. Das waren völlig unübliche, in der deutschen Geschichte einmalige Methoden, die erschütternde Einblicke in die Moral der Machthaber eröffneten. Natürlich sprach man nicht öffentlich darüber. Das war schon damals tödlich. Im Familienkreis aber haben Vater und Sohn sich über den »Röhm-Putsch« ausgesprochen, und bei Roland mag sich der Blick geschärft haben für das grundsätzlich Verwerfliche, das in der braunen Clique steckte. Gehen wir indes nicht zu weit in der Annahme, hier habe sich der erste junge Trieb in der Seele des späteren Widerstandskämpfers gebildet. Die Heeresführung beglückwünschte damals Adolf Hitler zu seinem energischen Durchgreifen, und viele jüngere Offiziere, schon gar Offiziersanwärter mögen diese Reaktion der obersten Vorgesetzten schließlich unkritisch als richtig hingenommen haben.

Zwei Jahre nach seinem Eintritt ins Regiment, am 1. April

1936, wurde Roland von Hößlin zum Leutnant befördert. Das war in Friedenszeiten der normale Zeitraum zur Erlangung der begehrten »vier silbernen Plattschnüre« auf den Schulterstükken. Welch ein Gefühl! Nun trug er die silbern verschnürte Offiziersmütze, den taubenblauen Ausgehmantel, die weißen Handschuhe, den Säbel an der linken Seite, die feinen silbernen Sporen an den Ausgehschuhen mit den »Stegen« für die lange Hose. Er fühlte sich unendlich emporgehoben im schönsten aller Dienstgrade, und er konnte, zum erstenmal und in voller Verantwortung, seine Eigenschaften als Führer von Menschen unter Beweis stellen. Roland bekam einen Zug in einer Reiterschwadron, und er mußte neben der Ausbildung seiner jungen Rekruten Unterricht für die Reserveoffiziersanwärter des Regiments halten. Das war eine hohe Auszeichnung, für einen eben erst in den Offiziersstand Erhobenen. Es zeigt, wie hoch man die Eigenschaften des jungen Offiziers einschätzte, seine Fähigkeit zu begeistern, seine umfassende Bildung, seine Redegewandtheit, sein intellektuelles Argumentieren. Das Reiterregiment 17 legte großen Wert auf eine gute Ausbildung seiner Reserveoffiziere. Seit einem Jahr war aus der Reichswehr die Wehrmacht geworden, die sich in raschem Aufbau befand. Offiziere brauchte man überall, und der Rückgriff auf die Reserve erwies sich von Tag zu Tag als dringender.

Es war die Zeit der Euphorie. Nach außen begann das Reich des »Herrn Hitler«, wie die korrekten Engländer den braunen Diktator nannten, die ersten Triumphe zu feiern. Das Rheinland, seit dem Waffenstillstand von 1919 entmilitarisiert und von Frankreich als Pufferzone zum unruhigen Nachbarn betrachtet, war im Handstreich besetzt worden. Die Befürchtung, Frankreich werde mobilisieren, hatte sich als unberechtigt erwiesen. Der Pokerspieler Hitler hatte seinen ersten Coup gelandet, und sein Prestige wuchs. Für die Soldaten gab es raschere Beförderung, für die Kanonenbauer viel Geld. In Berlin jubelte die Welt 1936 dem Organisator der großartigsten Olympischen Spiele aller Zeiten zu. Roland von Hößlin war nicht weniger als seine Regimentskameraden, vom Kommandeur bis zum letzten Zugführer, empfänglich für solchen Ruhm, der seit Kaiserzeiten zum erstenmal wieder über Deutschland strahlte. Die Befreiung vom Versailler Diktat, das seit seinen Jugendtagen wie ein schwerer Schatten auf Deutschland gelegen hatte, der wirtschaftliche Aufschwung, der stetige Abbau des Millionenheeres von Arbeitslosen, das Ende der Reparationszahlungen an die Siegermächte, eine neue militärische Karriere für den geliebten Vater – das alles waren Errungenschaften und Perspektiven, die einen jungen Mann in der Mitte der dreißiger Jahre in Deutschland nur für das Regime einnehmen konnten, das sich in Berlin etabliert hatte.

Am 20. April 1939 wurde der inzwischen 24jährige zum Oberleutnant befördert. Seit zwei Jahren bereits hatte er den begehrten Posten des Adjutanten der I., berittenen Abteilung des Regiments unter Major von Aufseß bekleidet, auch das eine besondere Auszeichnung, wenngleich dem Menschenführer die Schreibarbeit im Vorzimmer nicht sonderlich gelegen haben mag. Aber von diesem Posten aus hatte er die rasante Entwicklung in Europa besser beobachten können, den Anschluß Österreichs, die für Deutschland glückliche Lösung der Sudetenkrise in München und schließlich die Besetzung der »Rest«-Tschechoslowakei im März 1939.

Am 20. April 1939 wurde der »Führer« 50 Jahre alt. Aus diesem Anlaß veranstaltete Hitler die größte Militärparade in Berlin, die er je hatte abrollen lassen. Es galt, den Triumphator und Reichsvermehrer zu feiern. Es galt aber auch, den zahlreichen Vertretern ausländischer Streitkräfte auf der Militär-Attaché-Tribüne vorzuführen, was die Wehrmacht an Panzern, Artillerie, Flugabwehr, Infanterie und Fallschirmtruppe aufzubieten hatte. Die Heinkels und Messerschmitts der Luftwaffe donnerten und fauchten über die Köpfe der skeptisch dreinblickenden Russen, Franzosen und Engländer hinweg. Wenig später wiederholte sich das Schauspiel militärischer Pracht auf den Wogen der Ostsee vor Kiel. Aus dem »pocket-battleship«, wie die Engländer verächtlich das einzige deutsche Kriegsschiff aus der »Versailles-Zeit«, die 10 000 Tonnen große »Deutschland«, nannten, war inzwischen eine stattliche Flotte von Schlachtschiffen, Kreuzern, Torpedo- und U-Booten geworden, die schon einigen Respekt einflößte.

Aber wo sollte das alles hinführen? Hat sich der junge Offizier in seinem Adjutantenzimmer diese Frage damals gestellt? Neben dem vielen Licht gab es auch Schatten, die man allerdings nur mit hellwachem Auge erkennen konnte. Da war die Affäre um die Generale Fritsch und Blomberg, die beide auf gemeinste Intrigantenart von ihren Ämtern entfernt worden waren. Im selben Jahr 1938 hatte sich die Fratze des Antisemitismus, der dem Nationalsozialismus innewohnte, sichtbar enthüllt. Als »Rache« für den Mord an einem deutschen Diplomaten in Paris durch einen jungen Juden hatten Schlägertrupps der SA jüdische Geschäfte in allen deutschen Städten zertrümmert und Synagogen in Brand gesteckt. Auch in Bamberg klirrte es eine ganze »Reichskristallnacht« lang. Hößlin wird es gesehen haben. Wir haben kein Zeugnis über seine Reaktion. Aber wir dürfen annehmen, daß er das Schauspiel, wie die meisten Deutschen, mit einer Mischung aus Erstaunen und Ekel aufgenommen hat.

Als Roland von Hößlin den ersten Stern auf seine vier silbernen Plattschnüre heften durfte, hatte der Frieden, oder besser der Waffenstillstand, im zweiten europäischen 30jährigen Krieg noch vier Monate zu leben. Die Wolken am Himmel wurden immer düsterer. Engländer und Franzosen hatten in Berlin signalisieren lassen, daß sie eine weitere kalte Gebietsannektion in Europa durch das Reich nicht mehr hinnehmen würden. Hitler aber richtete seinen Blick bereits auf Danzig und den polnischen Korridor zwischen Pommern und Ostpreußen, den letzten »Schandfleck von Versailles«. Kein vernünftiger Mensch in Europa konnte daran zweifeln, daß der Diktator auch diesen beseitigen werde, aber daß es diesmal nicht unblutig abgehen würde, auch Roland von Hößlin nicht. Wir wissen, daß er den »herannahenden Krieg mit großem Ernst über Europa hereinbrechen« sah (Peter Sauerbruch). Am 1. September 1939 war es dann soweit.

Die ersten Kriegsjahre

Die deutschen Kavallerieregimenter vor dem Zweiten Weltkrieg waren dazu bestimmt, sich im Mobilmachungsfall als geschlossene Einheit aufzulösen und in mehrere »Aufklärungsabteilungen« aufzugliedern, die einzelnen Infanteriedivisionen zugeteilt wurden. Hitler hatte der Motorisierung der Wehrmacht forciert Vorrang gegeben, der Einsatz von geschlossenen Kavallerieeinheiten, wie noch im Ersten Weltkrieg, war nicht mehr vorgesehen.

So erging es auch dem Reiterregiment 17 in Bamberg. Roland von Hößlin hatte in der zweiten Augusthälfte seine Ernennung zum Adjutanten der Aufklärungsabteilung 10 in der 10. Infanteriedivision erhalten und war mit den dazugehörigen Einheiten des Regiments aus Bamberg ausgerückt. Es ging nach Schlesien, einem der Aufmarschgebiete der Wehrmacht für den Einfall nach Polen.

Daß der Krieg nun unmittelbar bevorstand, war jedermann klar. Überall marschierten Truppen, fielen Aufklärungs- und Jagdflugzeuge auf Feldflugplätzen ein, im Westen wie im Osten. Die Nachrichten im Radio jagten sich. Wie würden die Westmächte reagieren, wenn Polen angegriffen würde? Konnte der Hitler-Stalin-Pakt vom 23. August das Schlimmste noch einmal abwenden? Oder bedeutete er nur freie Hand für den Überfall auf Polen? Bange Fragen in den Wohnstuben wie auch in den Kasernen, keinerlei Begeisterung - das war die Stimmung in jenen letzten Augusttagen des Jahres 1939.

Und bei dem Soldaten Hößlin wird es nicht anders gewesen sein. Aber in das Gefühl der Sorge vor der erdrückenden Übermacht des Feindes, falls es zu einem Zweifrontenkrieg kommen sollte, wird sich auch bei ihm die Freude an der Bewährung gemischt haben. Die Zeiten waren anders als heute. Militär war nun einmal auch zum Angriff da und nicht zum alleinigen Schutz vor feindlichem Einfall. Zumindest in deutschen Köpfen war das so, und gewiß auch in polnischen und russischen, etwas weniger in französischen und englischen. Es war viel Eisen in der Luft.

Aus jenen letzten Augusttagen 1939 stammt auch der erste Brief des mobilisierten Oberleutnants von Hößlin an die Familie, und er scheint zu belegen, daß der junge Offizier damals über das Bevorstehende nicht anders dachte als die große Mehrheit seiner Kameraden in den Aufmarschgebieten. Er ist an seinen Großvater mütterlicherseits, den Generalleutnant a. D. Rist, gerichtet.

Alt-Ellguth [Kreis Oels, Regierungsbezirk Breslau],
den 23. 8. 39

Lieber Großpapa,

Kurz vor meinem Abtransport nach Schlesien erreichte mich aus Eggenfelden ein Honigtopf, der wohl auf Deine Veranlassung hin abging. Ich danke Dir vielmals für Deine Bemühung.

Hier lebe ich eigentlich ein richtiges Urlaubsleben: Früh Reiten auf den endlosen Stoppeläckern und Sandwegen, dann etwas Bürodienst, nachmittags Sonnenbaden und Lesen.

Luitgard (die 6 Jahre jüngere einzige Schwester des Briefschreibers), die ja ganz in meiner Nähe auf einem Gut ist, habe ich schon ein paarmal besucht, einen Samstag/Sonntag verbrachte ich beim Grafen Schaffgotsch in Warmbrunn (Landkreis Hirschberg, Regierungsbezirk Liegnitz) im Riesengebirge – so komme ich in Deutschland allmählich herum.

Allmählich ist es uns allen hier zu langweilig, und wir hoffen, daß es bald losgeht.

Wie die polnische Frage nun letzten Endes gelöst wird, ist uns immer noch ein Rätsel, ebenso die wahren Ziele des Führers. Der Nichtangriffsvertrag mit Rußland ist ja eine

26

Riesensensation. Er läßt einen doch mit größerem Optimismus dem weiteren Gang der Ereignisse entgegensehen. Nun hoffe ich, Du mögest bald in der Zeitung von unseren Taten lesen.   Es grüßt Dich herzlichst
Dein treuer Enkel
Roland

Nun, der Großvater brauchte nur noch eine Woche lang zu warten, bis er über die Taten seines Enkels in der Zeitung lesen konnte. Am 1. September, einem Freitag, eröffnete das Schlachtschiff Schleswig-Holstein im Hafen von Danzig das Feuer auf die polnische Westerplatte. Es war 5 Uhr morgens. Der Zweite Weltkrieg begann.

Roland von Hößlins Division gehörte zum XIII. deutschen Armeekorps, welches auf Warschau marschierte. Es ging schnell voran, und es blieb wenig Zeit zum Schreiben. Schon nach 21 Tagen war der Feldzug siegreich beendet. Die Aufklärer waren dabei, ihrem Auftrag und Naturell entsprechend, meist weit voran als erste am Feind eingesetzt. Dies mag erklären, warum der Adjutant Hößlin schon in diesem ersten Waffengang das Eiserne Kreuz 2. Klasse erhielt – eine seltene, zu Beginn des Krieges hohe Auszeichnung. Ebenso gab es Lob von der Division und vom Korps für die Leistungen der Abteilung und den Einsatz des Adjutanten.

Ein zufriedener und glücklicher Krieger kehrte Anfang Oktober aus dieser so kurzen und überzeugenden ersten Bewährungsprobe der Wehrmacht in die Heimat zurück. Vater, Mutter, die Geschwister und der Großvater konnten stolz auf den Ältesten sein. Gewiß, es gab auch Trauer. Die ersten Toten waren zu beklagen, aus den engsten und aus ferneren Reihen, darunter ein junger Graf Schaffgotsch, bei dessen Eltern in Warmbrunn im Riesengebirge Hößlin noch von Schlesien aus einen Besuch gemacht hatte.

Nach Abschluß der Operationen in Polen kam der dekorierte Offizier als Ausbilder an die Fahnenjunkerschule der Panzertruppe nach Krampnitz bei Potsdam, eine weitere Anerkennung seiner Fähigkeiten als Ausbilder und Führer angehender Offiziere. Als »Aufsichtsoffizier« hatte er nun jeweils etwa 30 junge Anwärter vier Monate lang zum Leutnant heranzubilden, wobei er seine Erfahrungen im Polenfeldzug vermitteln konnte. Unbemerkt mußte er damit Abschied von den Pferden nehmen. Hitler forcierte die Aufstellung von gepanzerten und motorisierten Divisionen, die in Polen eine so überzeugende Demonstration ihrer Schlagfähigkeit geliefert hatten. Die berittenen Aufklärungs-Abteilungen wurden dabei häufig »gepanzert« und mußten ihre Pferde gegen Panzerspähwagen eintauschen. Hößlin hatte zwar hinreichend Gelegenheit, seinem Lieblingssport, dem Reiten, in den herrlichen Kiefernwäldern der Mark Brandenburg um Krampnitz nachzugehen. Aber seine alte Waffe, die Kavallerie, war ihm durch seine Versetzung an die Panzertruppenschule sozusagen heimlich unter dem Sattel weggezogen worden.

Von Krampnitz aus mußte er auch zusehen, wie die Wehrmacht zu Waffengang 2 und 3 antrat – und wiederum überall siegte. Dänemark und Norwegen wurden besetzt, Frankreich in nur sechs Wochen überrannt. Es regnete Orden, Ehrenzeichen und Feldmarschallstäbe, Liszts »Préludes« als Ankündigungsmusik für eine »Sondermeldung« drang fast täglich aus den Rundfunkgeräten, kurz, Deutschland schwelgte im Siegestaumel. War der Krieg, kaum begonnen, schon wieder zu Ende? Hatte man den Endsieg verpaßt?

So mag es damals dem Aufsichtsoffizier in Krampnitz durch den Kopf geschossen sein. Alle warteten mit Spannung, wie Churchill, der neue Premierminister in London, das Friedensangebot Hitlers nach dem Sieg über Frankreich aufnehmen würde. Die Welt hing, so wissen wir heute, damals am seidenen Faden, der Sieg des Faschismus über die westlichen Demokratien lag greifbar nahe. Aber Churchill, schon des Rückhalts in den USA sicher, wies das Ansinnen des Diktators ab. Der Krieg ging weiter, mit den unzulänglichen Mitteln einer Landmacht gegen die sich bildende Allianz der beiden größten Seemächte der Welt. Das Ende lag um so mehr im Schoß der damaligen Herbstmonate 1940 beschlossen, als Hitler sich, nach dem Scheitern der Luftoffensive gegen England, bereits mit Plänen zur Eroberung Rußlands beschäftigte.

28

Roland von Hößlin bildete weiter Fahnenjunker für die Panzertruppe aus. Er verstand sich, so vermuten Zeugen, nicht sehr gut mit seinem Lehrgruppenkommandeur, Major Hasso von Manteuffel, einem »Hundertfünfzigprozentigen«, wie man damals die Offiziere nannte, die sich offen zum Nationalsozialismus bekannten. Auch Manteuffel war Bamberger Reiter gewesen, was die beiden Männer häufig außerdienstlich zusammenführte. Aber Hößlin wahrte Distanz zu ihm. Er beurteilte das Regime mit Skepsis; zum Hurra-Patriotismus neigte er auch in den euphorischen Tagen jener Zeit nicht. Er ging seinem Dienst nach, nüchtern, pflichtbewußt, unauffällig, wie es seinem Wesen entsprach.

Trotzdem muß er positiv aufgefallen sein, und zwar bei den vorgesetzten Dienststellen, bei der Schulleitung und im Heerespersonalamt; denn im Frühjahr 1941 erhielt er eine Versetzung auf einen Posten, der allgemein als Sprungbrett für die Generalstabsausbildung galt: Er wurde Ordonnanzoffizier – O 1 – im Stab des Deutschen Afrikakorps.

MIT ROMMEL IN AFRIKA

Am 10. März 1941 traf Hößlin in Afrika ein, wie alle damaligen Afrikakämpfer über die Eingangspforte Tripolis in Libyen. Das Afrikakorps Rommels stand damals in zügigem Vormarsch durch die Cyrenaika auf Tobruk, 800 km ostwärts von Tripolis. Hößlin muß sich auf der langen Fahrt dorthin über die »Via Balbo«, benannt nach dem italienischen Luftmarschall, immer wieder die Augen gerieben haben, nicht nur des Sandes wegen. Er mußte sich auf einen völlig neuen Kriegsschauplatz einstellen, auf dem nach ganz anderen Gesetzen gekämpft wurde. Er mußte sich auch an eine ganz neue Tätigkeit gewöhnen. Und sein neuer Vorgesetzter, der legendäre und charismatische Rommel, war kein leicht zufriedenzustellender Mann.

Roland von Hößlin hat auch das bewältigt. Er konnte sich rasch auf Menschen einstellen, und er selber übte großen Einfluß auf sein Gegenüber aus. Seit seinem Eintritt in das Afrikakorps hat der junge Offizier regelmäßig und häufig in Briefen in die Heimat über seine Tätigkeit und seine Eindrücke berichtet. Er entpuppt sich als ein hellwacher Beobachter von Land und Menschen und wird ein oft geradezu lyrischer Schreiber, ganz das Gegenteil eines martialischen Draufgängers. Seine Briefe, mitten im Krieg geschrieben, wirken zuweilen wie Anleitungen zu einer Kulturreise in einem Reiseführer.

Den ersten Brief aus Afrika von ihm finden wir im »Bamberger Reiter«, einem Mitteilungsblatt für die inzwischen über ganz Europa zerstreuten Angehörigen des ehemaligen Bamberger Kavallerie-Regiments.

Oberleutnant von Hößlin (Feldpost-Nr. 40 800),
22. 3. 41, irgendwo in Afrika

Ich muß hier zwar von ½ 9.00 Uhr bis 10.00 Uhr oder 11.00 Uhr nachts fast ohne Unterbrechung auf dem Geschäftszimmer sitzen und habe nie eine Stunde ganz frei für mich, bin aber trotzdem innerhalb des Geschäftsganges nicht immer voll ausgefüllt, nachdem ich in den ersten Tagen den Dienstbetrieb organisiert hatte. Ich erlebe hier zwar eine selbständige Operationsplanung und Führung, wie es sie in Europa bei keiner Heeresgruppe, die doch immer noch im Verband unter Weisung des O.K.H. kämpft, gibt, doch bin ich persönlich nur ein kleiner Handlanger und passiver Zuschauer und eventuell Geschichtsschreiber (Kriegstagebuch).

Einmal einen Befehl auszuarbeiten, dazu komme ich weniger als ein Regimentsadjutant, und alle Erwägungen zu Entscheidungen spielen sich hinter verschlossenen Türen ab. [. . .]

Ich kann mir gar nicht vorstellen, wie man nach dem Kriege als Soldat weiterleben kann, wenn es kein Kavallerieregiment 17 mehr gibt.

Die Bewegungen unserer Truppe erlebe ich nur gedanklich und auf dem Papier. Vom Land sehe ich nur etwas, wenn wir unseren Gefechtsstand wieder ein paar hundert Kilometer vorverlegen in einigen kurzen Flugstunden. Von meinem Geschäftszimmer aus sehe ich einen Flugplatz am Rand der Wüste. Die startenden und landenden Maschinen wirbeln den Sand Hunderte von Metern hoch auf. Hinter dem Hauptquartier brandet das mittelländische Meer. Das ist der einzige Rest unvergänglicher Schönheit, an dem man sich immer wieder erquicken kann, und ich verstehe, daß man als Maler und Künstler nach Italien fahren muß. Gerade gestern abend erlebte ich das Meer in einem wunderbaren Stimmungsbild.

Hier ist frühsommerliche Wärme, die Sonne strahlt ständig, doch von der See her weht ein kühler Wind, der einem das Baden nicht schmackhaft macht, zumal der Kommandanturbefehl vor Haifischen aller Größen warnt. Unter der Tropenkleidung tragen wir gerne noch einen Pullover.

Nun bitte grüße alle Freunde und Kameraden.

Wenige Tage später schreibt der Kavallerist, der seiner geliebten Waffe einen merkwürdig nostalgisch anmutenden Gedanken widmet, den ersten Brief an seine Eltern. Er mokiert sich darin deutlich über den italienischen Bundesgenossen und seine bombastischen Ansprüche auf das Mittelmeer, das schon damals, einer der Gründe für die schwierige deutsche Kriegführung in Nordafrika, vollkommen von den Engländern beherrscht wurde. Offenbar hatte ein deutscher Afrikakämpfer damals noch keine Zensur zu befürchten.

Bei Tobruk 1. 5. 41

Liebe Eltern!

Ich sitze am Telefon im Befehls-Omnibus Ia. Die Karte 1:50 000 von Tobruk bildet meine Schreibunterlage. Ich trage in sie immer wieder neu mit Uhrzeit die von unseren Stoßtrupps erreichten Linien ein. Und Gott sei Dank! in den letzten Stunden konnte ich meine schwarzen Striche immer erneut nach vorne verlegen und hoffe, daß damit endlich, endlich diese Episode des Feldzugs ihr Ende finden wird.

Der Ia schläft hinter mir auf dem Feldbett ein paar Stunden bis Viertel Zehn, wo ich ihn wecken soll. Trotzdem, bei jedem Anruf spricht er so halb mit, wenn ihn nicht der General (Rommel) überhaupt persönlich sprechen will. Letzterer befindet sich auf einem Panzerwagen auf einem weit vorgeschobenen Gefechtsstand. Der Generalquartiermeister I als Spion des OKH (Oberkommando des Heeres) ist auch noch hier geblieben, um uns nach Fall von Tobruk die weiteren Richtlinien des OKH zu übermitteln.

Heute erhielt ich gleich sechs Briefe von der Heimat. Darunter zwei von der Mama aus Schlangenbad und Nürnberg, einen von Aufseß, Sauerbruch. Bei Euch zu Hause scheint man sich für Afrika ja brennend zu interessieren, das geht aus allem hervor. Für mich ist [es] schon alltäglich. Ich finde es selbstverständlich, daß es hübsch warm ist, ganz schön, daß es nicht regnet, und natürlich, daß es keine Bäume gibt. Sauerbruch ist 2. Adjutant von Halder geworden, muß meist bis

über Mitternacht arbeiten und schimpft etwas über das Krieg-
führen von Berlin aus.

In Europa wird ja auch einiges geboten. Auch Griechenland
hätte mich kulturhistorisch sehr interessiert. So muß ich es
eben auf einer Urlaubsreise mitnehmen, wenn bis dahin das
hochtrabende Wort »mare nostro« seine Richtigkeit hat. Jetzt
würde man statt dessen besser »mare Inglese« schreiben.

Während ich hier schreibe, ist auch um mich völlige Ruhe
eingetreten. Die Artillerie schweigt auf beiden Seiten, und
auch das auf- und abebbende Geräusch der englischen Bomber ist nicht mehr zu hören. Unsere Stukas sah ich heute auf
die Bunker von Tobruk herunterstoßen. Das ist schon einma-
lig. Daß unsere Flieger den Tommies ganz klar überlegen
sind, sowohl materialmäßig wie im Können, wird hier täglich
aufs neue bewiesen.

Als hier die ersten Jäger auftauchten, legten sie sofort vier
Hurricanes auf das Parkett, und innerhalb von 24 Stunden
war der Himmel, auf dem bisher nur Engländer zu sehen
waren, reingefegt. Jetzt schauen wir kaum mehr, wenn's
brummt. Heute hat allerdings eine Hurricane im Tiefflug mit
MG in uns hineingepflastert, merkwürdigerweise ohne Treffer, sonst bleibt da kein Auge trocken.

General Rommel wurden neulich zwei Leute aus seiner
Begleitung erschossen, er selbst wurde nur dank des gepanzerten Befehlswagens des Herrn Generalleutnant Neame
(eines gefangengenommenen britischen Generals) gerettet.
In diesem Moment haben wir heute die englischen Opera-
tionsbefehle in einer Kassette gefunden, nachdem wir schon
14 Tage damit herumgerast sind!   Herzlichst
                                                        Roland

Nun, die Front hat den Offizier im Stab wieder, mit wummern-
der Artillerie, Bombergeräuschen und Tieffliegern, die auch
weit hinten zuschlagen können. Hößlin erlebt die Belagerung
der britischen Wüstenfestung Tobruk, die vom 9. April 1941 bis
zur Rückeroberung der Cyrenaika durch die Briten Ende November dauerte. Ein Stellungskrieg in der Wüste.

Liebe Eltern!

Von diesem Briefe hoffe ich, daß er, wie der letzte, durch einen nach Deutschland fliegenden Offizier befördert, auf schnellstem Wege zu Euch kommt.

Aus Geheimhaltungsgründen will ich von der großen Lage, wie sie mir hier bekannt ist, nichts erzählen. Den großen Stein des Anstoßes im wahren Sinne des Wortes, »Tobruk«, das so jäh unseren hemmungslosen Vormarsch aufhielt, haben wir immer noch nicht. Der Kampf hat sich hier zum Stellungskrieg entwickelt. Dabei hat der Engländer den Vorteil, wenn er auch ringsherum eingeschlossen ist, den Nachschub von See her durchführen und die Verteidigung aus der gut ausgebauten italienischen Befestigung führen zu können. Er benutzt dazu zum großen Teil noch stehengebliebene italienische Flak und Geschütze. Der Kampf bringt wieder plötzlich große Hoffnungen und große Krisen, vor allem bei Gegenangriffen gegen unsere heldenhaften Bundesgenossen. Der Engländer kämpft mit bewundernswerter Zähigkeit und Tapferkeit, trotzdem haben der bisherige Feldzug ebenso wie die Stellungskämpfe um Tobruk erneut die einwandfreie deutsche Überlegenheit in Kampfmoral, Ausbildung und Führung gezeigt.

Daß unsere Truppen mit den hiesigen Kampfmitteln ohne Spezialmittel, wie sie im Westen angewendet wurden, den stärksten Eckpfeiler aus dem Festungsgürtel herausbrachen, ist eine erstaunliche Leistung. Englische Angriffe hatten bisher keinen Erfolg. Die Belastungen und Spannungen, die die jähen Wechsel der Lage für den Befehlshaber bringen, sind enorm und der Druck der Verantwortung riesengroß. Ich möchte nicht geschenkt in seiner Haut stecken. Die völlige Selbständigkeit auf einem eigenen Kriegsschauplatz und das Handeln nur nach Richtlinien des O.K.H. verdoppeln die Verantwortung.

Vom persönlichen Erleben ist in solcher Lage und in dieser Stellung sehr wenig zu berichten. Nur wenn Großkampf ist, sitze ich neben dem Ia am Fernsprecher, notiere alle Gespräche und spinne den Faden nach seinen Richtlinien weiter, während er schläft. Doch sobald gewöhnlicher Betrieb herrscht, sitzt er sehr unmitteilsam in seinem fahrbaren Bunker und schweigt sich über das, was er weiß, aus. Ich profitiere höchstens davon, daß er von unterstellten Dienststellen nicht gerne angerufen wird.

Der Spion des O.K.H. hat seinen Aufenthalt unerwünscht lange ausgedehnt, um uns mit von ihm ausgearbeiteten Richtlinien des O.K.H. zu versehen.

Post von zu Hause bekomme ich ziemlich regelmäßig, die der Freunde ist nur dünn gesät.　　　　　　Herzlichst grüßt
　　　　　　　　　　　　　　　　　　　　Euer treuer Sohn
　　　　　　　　　　　　　　　　　　　　　　　Roland

Es gab auch Ausflüge in die Umgebung, wie sie ein Ordonnanzoffizier immer wieder mit Dienstfahrten verbinden konnte. Über einen von Ihnen berichtet er, ein Ausflug indes mit den nächtlichen Ruhestörungen des Krieges.

　　　　　　　　　　　　　　　　　　　Bengasi, 8. 5. 1941

Liebe Eltern!
Vorgestern führte mich ein Sonderauftrag, diesmal im Auto, über Derna hierher. Einen Abstecher machte ich zum italienischen Oberkommando in Cirene. Diese kleine Siedlung liegt inmitten riesiger Ruinenfelder der alten griechischen Stadt, die sie bei weitem nicht mehr ausfüllt, und an der Steilstufe des Djebel inmitten eines blühenden Kulturgartens. Von dort oben hat man einen wunderbaren Blick auf den zerklüfteten Küstenstreifen. Auf der Rückfahrt muß ich da unbedingt nochmal Station machen, wenn ich dafür auch ein paar Nachtstunden herschenke.

Hier in Bengasi standen Bett, Bad, Friseur und alles, was sonst zur Zivilisation gerechnet wird, auf meinem Programm. Die Stadt, die ich vorfand, ist jedoch völlig tot und ähnelt sehr dem Warschau von 1939. Schon seit drei Wochen vergeht nämlich keine Nacht ohne Luftangriff, und ich selbst sollte in meiner Pension unmittelbar am Hafen auch eine Probe erle-

ben. In unserer nächsten Nähe fielen gestern Nacht drei dicke
Eier und bliesen uns die Fensterscheiben in die Zimmer. Als ich
schon zum zweiten Male wieder vorübergehend ins Bett gekro-
chen war, fing plötzlich Schiffsartillerie an, die Stadt zu beschie-
ßen. Unter der örtlichen Bevölkerung entstand eine Panik, und
die Leute strömten blindlings auf den großen Straßen ins Freie.
Ob irgend etwas passiert ist, habe ich nicht gehört. Bei uns
zwitscherten die großen Koffer alle über die Dächer weg. Auf
jeden Fall: Heute früh wußte ich wieder einmal, daß bitter
ernster Krieg ist und ich nicht als Vergnügungsreisender nach
Afrika gekommen bin.

Es geht jetzt gegen 23.00 Uhr. Die Engländer sind von gänzlich unmilitärischer Unpünktlichkeit. Vielleicht haben sie heute
Stehtag. Wenn nicht, schreibe ich aus dem Luftschutzkeller lang
und ausführlich.

Ich hoffe jedoch, es kommt nicht dazu, und grüße herzlichst

Euer treuer Sohn
Roland

In einem Brief eine Woche später an den »Bamberger Reiter«
läßt sich Hößlin etwas länger über den Alltag eines Offiziers des
Afrikakorps in der libyschen Wüste aus. Wieder entpuppt er sich
als ein humorvoller und einfallsreicher Beobachter der Dinge
und Menschen. Zum erstenmal gibt es auch, wohl weil es sich
bei dem Empfänger des Berichts um eine quasi militärische
Dienststelle handelt, ziemlich genaue geographische Anmer-
kungen zum Vormarsch der Deutschen. Nie vergißt er, den
Kameraden im weiten Europa Beschreibungen von der Landschaft zu liefern, die ihn offenbar tief beeindruckt hat. Die Art,
wie er sich über den englischen Gegner ausläßt, gibt einen
Eindruck von der fairen Kriegführung auf diesem exotischen
Schauplatz, eine Mischung aus Achtung und Humor, wie sie
wohl auch die Engländer den Deutschen gegenüber empfunden
haben mochten.

36

Oberleutnant von Hößlin

Ich krame die ältesten Gebete aus meiner Jugendzeit aus und murmle sie in stiller Verzweiflung und Angst vor mich hin – nicht weil es gerade schießt oder Flieger uns bombardieren – nein, der Ia hat das erste Mal seit Tripolis das Kriegstagebuch von mir verlangt. Ganz schrecklich!!

Es freut mich sehr, der ich jetzt fern von allem sitze und lebe, was mir früher lieb und gewohnt war, besonders von alten Freunden und Kameraden zu hören.

Man muß sich nur das Erleben so eines armen Landsers vorstellen: Einige schöne Tage in Tripolis, dann Marsch in die Große Syrte und Stellungskrieg bei Agheila. Anfang April Beginn der ersehnten Offensive zur Wiedergewinnung der Cyrenaika, jedoch bei Agheila genialerweise halbrechtsum und Vorstoß in den Rücken der Engländer quer durch die Steinwüste, am Golf von Bemba, wo nur verdorrte Kameldornsträucher zwischen den Kalkfelsen wachsen, wieder die Küste erreichend. Jetzt seit einem geschlagenen Monat Belagerung Tobruk:

Stellungskrieg gegen ständige Befestigungen, anfangs englische Luftüberlegenheit, Artillerietrommelfeuer nach Weltkriegsmuster, Steine, Hitze, wenig Wasser. Es ist zwar ein schwacher Trost, daß es dem Engländer in der Festung noch schlechter geht, aber er verteidigt zäh jeden Bunker. Mir beim Korpsstab geht es unverdienterweise natürlich erheblich besser. Die Wellingtons und Hurricanes haben ihren Besuch gänzlich eingestellt, seit zunächst nur vier deutsche Jäger am Horizont auftauchten. Schwere Kaliber gibt es alle paar Tage mal, wenn ein Kreuzer die rückwärtigen Verbindungen zu stören versucht. Es kracht dann ganz unheimlich, Treffer wurde noch nie einer erzielt.

Eine Besonderheit, wie sie wohl noch kein Schreibstubenhengst in ganz Europa wie ich erlebt, ist Geschäftszimmerbetrieb im Ghibli. Der Sturm reißt an den Zeltleinen, hebt die Planen und bläst mehlfeinen Sandstaub ins Zelt, so daß man oft glaubt, im Nebel zu sitzen. Die Temperatur steigt bis 50° (so heiß war es bis jetzt allerdings bei uns nie).

Der Sand vermischt sich mit dem Schweiß, der einem aus allen Poren tropft, legt sich auf alle Akten, Karten und Papiere, knirscht unter der Feder, verstopft alle Schreibmaschinen usw. Dazu jetzt Hochbetrieb im Papierkrieg: Diktieren, Telefonieren, vom Chef-Befehlswagen 200 m zu dem des Generals oder Ia rennen!

Ein Lichtblick waren bis jetzt immer meine Reisen zum Oberquartiermeister nach Libyen, italienischen Oberkommando oder Fliegerführer Afrika nach Derna, Cirene oder Bengasi. Während ich hier beim Stabe ein ganz kleiner Scheißkerl bin, der den hier geübten Lebensstil nicht beherrscht und deshalb wenig angesehen ist, bin ich dort der Abgesandte des Generalleutnants Rommel und werde wie der Botschafter eines mächtigen Staates behandelt.

Die Cyrenaika ist ein wunderbares Stück Land. In der Struktur Kalk, ähnelt sie auch sonst unserem Jura, nur daß das Djebel el Achdar keine Verwerfungen aufweist. Vom Flugzeug sieht die Schichtung aus wie eine Karte 1:25 000. Der Eisengehalt färbt in manchen Zonen den Stein in ein dunkles Mohnrot, von dem sich das niedrige Gestrüpp der Macchia saftig-dunkelgrün abhebt. Bäume gibt es selten, nur am Grund schluchtartig eingefressener Wadis tausendjährige Zedern von bizarren Formen.

Das geringste Wasservorkommen entlockt der Natur üppigste Vegetation. In den fruchtbaren Landstrichen liegen in regelmäßiger Ordnung die großen Felder und schneeweißen Siedlungshäuser der italienischen Kolonisten. Als Mittelpunkt der Siedlungen sind Kirche, Schule, Gemeindeamt und Parteihaus meist in geschmackvollem Stil burgartig zusammengebaut. Diese Kulturleistung muß einem unbedingt imponieren.

Ein Schmuckkasten ist Derna, das mitten in eine Palmenoase hineingebaut ist. Enge Gassen mit über die Fahrbahn gespannter üppig wuchernder Clematis, arabischen Kuppeln und Basars mit ständig wechselnden Bildern einer exotischen Bevölkerung.

Der schönste Punkt der Cyrenaika, den ich bisher sah, ist

Cirene, das der Landschaft den Namen gab. Es liegt am Rande des Djebel, wo dieser über eine wenige Kilometer breite Küstenebene zum Meer abfällt. Die kleine Siedlung füllt das Ruinenfeld der hellenistisch-römischen 35 000-Einwohner-Stadt bei weitem nicht aus.

21. Juni 1941

Hier haben wir eben eine dreitägige Abwehrschlacht siegreich beendet. Die letzten beiden Tage, 18. und 19., war ich selbst mit dem Befehlshaber vorne an den entscheidenden Punkten: Sollum, Halfayapaß, Bardia, die eine so große Rolle spielten. Jetzt ist erst recht viel zu tun, alles wieder in Ordnung zu bringen.

Bitte übermittle meinen Gruß allen Kameraden.

Im eroberten Bardia richtet sich der Ordonnanzoffizier des Korps mit seinem Ia in einem zerschossenen Haus ein und schreibt einen langen Brief an seine Eltern. Zwei Dinge fallen hier auf: die nach erst fünf Monaten Afrika bereits geäußerte Hoffnung auf einen Urlaub, die den »Verschleiß« erkennen läßt, dem die Wüstenkrieger moralisch und physisch ausgesetzt waren, und der optimistische Hinweis auf den erst 14 Tage alten Feldzug in Rußland. Er zeigt, wie sehr die Soldaten der Wehrmacht zu diesem Zeitpunkt des Krieges noch in »Blitzkrieg-Kategorien« dachten.

Bardia, 3. Juli 1941

Liebe Eltern!

Im großen habe ich diesen Ort ja in einem meiner letzten Briefe schon beschrieben. Einzelheiten werden Euch die mehr oder weniger gelungenen Aufnahmen dieses Filmpacks zeigen. Die Schönheiten des Wassers mit dem Photo einzufangen, ist ja unmöglich. Diese Aufnahmen können höchstens später als Stütze der Erinnerung dienen. Wirklich schöne Punkte gibt es ja auch hier noch: die weit ins Meer hinausragenden Felsen mit ihren wilden Verwitterungen und Abbrüchen, die tiefen Meeresbuchten, in die die schluchtartigen

Wadis ausmünden, die ständig wechselnden Farben des kristallklaren und durchsichtigen Meeres. Die unmittelbare Umgebung, in der wir leben, finde ich furchtbar: der Ort, der eine Festungsbelagerung mitmachte und zweimal den Besitzer wechselte, Ruinen und Berge von Unrat.

Das ehemalige italienische Offizierskasino beherbergt die Abteilung Ia. Die verhauene Bude hat weder Fenster noch Türen. Im selben Raum, in dem wir arbeiten, schlafen wir auch. Mit dem Einmannzelt ist der letzte Rest von Privatleben dahin. Das auch schon deshalb, weil sich der Dienstbetrieb unausgesetzt von 8.00 Uhr bis 24.00 Uhr hinschleppt.

Der Papierkrieg ist kaum zu bewältigen. Die Italiener schreiben Seiten und Seiten ohne Inhalt oder folgendes: »Die Engländer haben Esel auf die Minenfelder getrieben, die jedoch von der Besatzung des Stützpunktes X in die Flucht geschlagen wurden.« Oder Abendmeldung: ». . . der Kanonier Pimporello wurde verwundet, kann aber bei der Truppe verbleiben.« Zu positiver Arbeit kommt man gerade dadurch wenig. Meine Spezialität ist die Jagd nach Papier. Ein großer Sieg ist für mich zum Beispiel, wenn ich dem Chef des Stabes oder dem General auf den Kopf zusage, daß sie wieder eine für die Abendmeldung wichtige Unterlage zurückbehalten haben.

Mit dem Ia geht es weiterhin gut. Er ist lange kein so konzentrierter und schneller Arbeiter wie Ehlert. Dafür menschlich aber von ganz anderen Qualitäten. Bei dem engen Aufeinandersitzen und -leben ist das unerläßlich. Bei Ehlert hätte ich's, glaube ich, nicht mehr lange ausgehalten.

Einer meiner nächsten Blickpunkte ist Urlaub. Bei 2 % je drei Wochen ohne Reisetage kommt ja jeder höchstens alle eineinhalb Jahre einmal dran. Wäre aber doch ein Wunder, wenn ich nicht mit am Anfang der Liste stünde, das wäre ja das erste Mal. Ich rechne etwa mit dem 1. August und mache mir schon allerhand Pläne. Den unter Umständen mit längerem oder auch ewigem Bad verbundenen Seeweg werde ich meiden und vom Fliegerführer Afrika in Derna zum X. Fliegerkorps in Athen fliegen, dort mich ein paar Tage aufhalten und dann möglichst per Luft heim ins Reich!

Der Russenfeldzug ist bis dahin ja vielleicht überhaupt abgeschlossen.

[. . .] Post bekomme ich seit dem Umzug nach Bardia schon gar nicht mehr. Es fehlen zunächst von vielen Seiten angekündigte Päckchen.

Heute ist wieder Ghibli. Gestern will jemand 60 ° Hitze gemessen haben. In Bardia geht es aber immer noch. Das Schönste, was sich hier anbietet, sind die Bäder im Meer in der herrlichen Felsenbucht.   Herzlichst Euer treuer Sohn
Roland

Der Dienst im Stab mag Roland von Hößlin nie ganz gelegen haben, wenngleich er ihm einen ständigen Überblick über die Gesamtoperationen erlaubte und seinem analytischen Geist stets neue Beschäftigung lieferte. Am 20. August 1941 war es damit vorbei. Hößlin wurde Chef der 3., der schweren Kompanie der Panzeraufklärungsabteilung 33. Zum erstenmal nach dem Polenfeldzug vor zwei Jahren kam er wieder zur Truppe, konnte er wieder Menschen führen. Am 2. September schildert er den Kameraden im »Bamberger Reiter« seine neue Tätigkeit.

2. September 1941
Diesen Brief schreibe ich bereits in der neuen Stellung als Führer 3. Kompanie/Aufklärungsabteilung 33. Unsere Abteilung stellt die stehende Panzerspähsicherung vor der Sollumfront. Von meiner Kompanie ist nur eine Pioniergruppe zur Verstärkung einer Sicherung eingesetzt. Ich besuchte sie neulich, 15 km südlich Sidi Omar bei Gasr el Abid, wo ein alter Karawanenweg die libysche Grenze überschreitet. [. . .] Diese Sicherung ist die am weitesten südlich eingesetzte deutsche Truppe. Ganz wohl war mir nicht zumute, als wir mit dem PKW von unserem rechten Flügelstützpunkt Sidi Omar den Grenzzaun entlangfuhren, den die Italiener gegen räuberische Eingeborene weit über Giarabub hinaus bauten. Angespannt suchten unsere Augen die dunklen Westhügel ab, ob nicht bizarre Steinbrocken, deren Umrisse in der Sonne flimmerten, sich plötzlich bewegten. Doch seit Ein-

bruch der großen Sommerhitze verhält sich die englische Aufklärung völlig passiv. Das Inruhelassen beruht auf Gegenseitigkeit.

Die Masse der Abteilung liegt nordostwärts Sidi Omar, Zelte und Kfz weit auseinandergezogen auf der völlig ebenen wüsten Hochfläche. Es ist wie ein großes Exerzierfeld. Für formelle Bewegungen einer Reiterschwadron im Galopp wäre sie bestens geeignet. Mit dem Kfz kann man in jede Richtung mit 40 km/h Geschwindigkeit fahren. Die Sicht ist trotzdem durch kaum bemerkbare Geländewellen begrenzt. Von einem dieser ein- bis eineinhalb Meter hohen Aussichtspunkte erscheinen auch nur 3 km entfernt stehende LKW in der flimmernden Luft wie im Wasser zu stehen. Durch Luftspiegelung werden sie riesenhaft verdoppelt oder erscheinen zu bizarren Formen verzerrt, wie eine ferne Allee an einem Teich. Dienst ist nur in den Morgenstunden oder vor Sonnenuntergang möglich. Nach ein paar Stunden Fahrschule und Tätigkeit auf der Schreibstube vormittags, ziehe ich mich vor der erbarmungslosen Mittagssonne in die Deckung meines Zeltes zurück. Auch hier ist natürlich die Luft drückend schwül. Der Schweiß rinnt in Strömen über den Körper. Die Atmosphäre ist völlig unbewegt. Plötzlich auftretende Wirbel drehen den Staub zu Hunderten von Metern hohen Säulen, die langsam zwischen den Zelten herumwandeln. Erst jetzt, während ich diesen Brief schreibe, etwa 16.00 Uhr, kommt eine kühle Seebrise auf, die den glühenden Kopf etwas kühlt und zu relativ klaren Gedanken befähigt. Nach der kühlen Nacht schlägt in den Morgenstunden die Verdunstung des Meeres beinahe wie Regen sich nieder. So sind Fauna und Flora noch nicht ganz ausgestorben. Einzelne Kameldornbüsche, die auf dem mit Sandstaub vermischten Kalkstein wachsen, schieben sich in der Perspektive zu einer schwarzgrauen Fläche zusammen. Von diesem Stachelkraut ernähren sich die feingliedrigen flüchtigen Gazellen, die zwischen hier und Sidi Azeis in großen Mengen vorhanden sind. Mein Hauptwachtmeister, ein passionierter Jäger, hat auf seinen Jagdfahrten mit PKW schon sieben erledigt.

Ich selbst wohne in einem schönen geräumigen Zelt, das das Notwendigste birgt, um ganz vergnügt zu leben. Ein Feldbett, sogar mit Bettbezug, ein rohgezimmerter Tisch und Stuhl und eine Strohmatte. Der Küchenunteroffizier unserer Kompanie sorgt ganz ausgezeichnet für unser leibliches Wohl, so daß ich mich hier richtig erhole.

Erst jetzt wird mir so richtig bewußt, was für ein beschissenes Leben ich beim Korpsstab führte. Herrlich, diese wiedererlangte Freiheit, Herr seiner Zeit zu sein! Kein Ia, der alle fünfzehn Minuten 16 Stunden am Tag mit gehorsamheischender Stimme »Hößlin« rufen kann und mich dann wieder einmal – hol sie der Teufel – eine Bezugsverfügung vom x-ten suchen läßt, die jedoch in den Akten des Chefs des Stabes im grauen Tobruker Sand gebettet ruht.

Nun wissen wir, was Hößlin von der Stabsarbeit hielt. Ein paar Wochen später meldet er sich wieder beim Verbindungsorgan seines ehemaligen Friedensregiments. Auch in der Wüste träumt er übrigens gelegentlich, wie wir im vorigen Brief gelesen haben, von der Reiterei. Aber nun ist er ja ganz und gar Panzermann, wenngleich Führer einer gemischten Kompanie mit Granatwerfern, Panzerjägern und Pionieren. Zum erstenmal schildert er auch eine Begegnung mit den Ureinwohnern, über die der Krieg zwischen Europäern wie ein großes Unglück hereingebrochen ist. Im »Bamberger Reiter« war folgender Brief zu lesen:

31. 10. 1941

Oberleutnant von Hößlin

Diesen Brief schreibe ich auf Sicherung in meinem PKW sitzend. Mein Kartenbrett dient als Schreibtisch. So wird die Schrift noch unleserlicher als sonst schon. Mutterseelenallein mit ein paar Panzern und verschiedenen Geschützen liege ich mitten in der Wüste dem Tommy Auge in Auge. Es ist beängstigende Ruhe, aber es *kann* [im Original unterstrichen] sehr viel passieren, und man muß auf der Hut sein. Nach Einbruch der Dunkelheit ändern wir nochmals den Standort und igeln uns ein. Acht volle Tage muß ich das so mitmachen.

Ich habe zur Zeit hier in Afrika auch eine familiäre Stütze. Mein Onkel Hugo Süßkind ist Ia bei einer Division geworden. Wir besuchen uns öfters und versuchen unsere beiderseitigen Küchen. Als vorläufige Abfindung für meinen an sich verwirkten Europaurlaub fuhr ich neulich für acht Tage in die Cyrenaika. Für einen Marmarica-Bewohner ist das ein Paradies! Zunächst schlemmte ich, im wahrsten Sinne des Wortes, im italienischen Hauptquartier – im Urlaub kann man das gerade noch verantworten. Anschließend schlug ich mein Standquartier in Barce auf und besuchte von dort aus Bengasi, die Ausgrabung der antiken Stadt Ptolemaeis und andere Orte.

Einmal war ich Gast im Zelt eines Arabers, den ich im PKW mitgenommen hatte. Um mich, am Boden hockend, versammelte sich die ganze männliche Einwohnerschaft des Stammes und bestürmte mich mit Fragen: Wie lange dauert der Krieg noch? Wie ist die Lage in Rußland? Wie steht es mit Tobruk? Es sind alles helle Burschen, doch verschlagen und verlogen, faul wie die Sünde. Arbeiten tun die Frauen in der Hauptsache und auch die nur so viel, daß die Familie nicht verhungert. Ungemein reizvoll ist immer wieder die Oase Derna, der schönste Ort Libyens. Die Palmen hängen jetzt voll großer Trauben mit Datteln. Die Architektur und das Eingeborenenleben haben etwas vom Zauber von Tausendundeiner Nacht.

In unser sonst so stilles Ruhequartier der Abteilung knallten uns eines Nachts drei Zerstörer mit Kaliber 22 cm, während feindliche Flieger eine Menge Leuchtfallschirme, die sich oft noch sechsfach zerteilten, an den Himmel hängten. Ergebnis: 0 Treffer. Die Seide der Fallschirme gibt Blusen für die Frauen der Verheirateten zu Hause. Eines Abends – ich gehe gerade europäisch herausgebracht ins Kasino – schoß uns der Tommy von Land mit weittragenden Geschützen ins Nest. Wir waren maßlos erstaunt.

Bitter treffen mich immer wieder die Trauernachrichten von zu Hause. Dazu ist der Krieg noch längst nicht zu Ende gekämpft, am wenigsten hier in Afrika. Wir warten eigentlich erst, daß es bei uns einmal richtig losgeht.

Hat Oberst von Waldenfels wirklich das Ritterkreuz? Würde mich riesig freuen!

Eben kommt der Verpflegungswagen mit dem warmen Essen, 15.30 Uhr paßt gerade.

Hößlin ist ein unermüdlicher Schreiber. Nur die vorübergehende Ruhe an der Front wird dem Truppenführer die nötige Zeit gelassen haben, seinen nimmermüden »Beschreibungsdrang« zu befriedigen. Aber mit der Ruhe ist es vorerst einmal aus. Es ist wieder Bewegung in diesen merkwürdigen Wüstenkrieg gekommen, von dem Hößlin eine so anschauliche Beschreibung liefert, daß sie 50 Jahre später noch fasziniert. Wie wir sehen, schleichen sich erste Zweifel bei dem jungen Offizier über Länge und Ausgang des Krieges, nicht nur in Afrika, in seine Betrachtungen ein. Grenzenlos ist nur seine Bewunderung für den Oberkommandierenden Rommel.

Anfang März 1942 veröffentlichte der »Bamberger Reiter« dann einen mehrseitigen Bericht aus der Feder Roland von Hößlins:

6. 12. 1941

Oberleutnant von Hößlin

Endlich ist die Ruhe in Nordafrika gebrochen, und wir haben die große Schlacht, nicht unter den Pyramiden westlich Kairo allerdings wie erhofft, sondern auf der Wüstenhochfläche in dem Viereck Tobruk-Bardia-Ridotta Maddalena-Bir el Gubi.

Die letztgenannten zwei Örtlichkeiten geben Eure komischen Karten im »Völkischen Beobachter« an, als ob sie Städte mitten in der Wüste seien. Ridotta heißt Schanze, es ist eine italienische Grenzbefestigung gegen Senussi. Bir ist eine Zisterne, wie sie teilweise schon die Römer und später die Araber an den Karawanenwegen in den Felsen höhlten. Das Gelände habe ich ja schon früher beschrieben [. . .].

Auf diesem Kriegsschauplatz ohne jede Deckungsmöglichkeit sind der lange Arm der Waffe, Beweglichkeit und Panzerung entscheidend. Eine Panzeraufklärungsabteilung ohne Artillerie ist hier wie ein Mann mit einer Pistole, der auf einem großen Kasernenhof mit einem Gewehrschützen kämpfen soll. Wir können lediglich mit unseren Spähtrupps die vorderen feindlichen Sicherungslinien feststellen, sie zu durchbrechen sind wir nicht in der Lage, da jeder stehende englische Panzerspähtrupp 4 cm Pak auf Selbstfahrlafette und einen gepanzerten Artilleriebeobachter bei sich hat.

Wenn man später einmal die Stärken und materiellen Voraussetzungen der sich hier gegenüberstehenden Gegner nebeneinanderhalten wird, man wird es kaum für faßbar erachten, wie das Afrikakorps bis jetzt hier alle Lagen durchgestanden hat.

Schon mehrere britische Divisionen haben wir einfach gefrühstückt wie seinerzeit die Polen, und immer wieder kommen neue, 80 Panzer – 120 Panzer – eine indische Brigade u.s.w.; immer wieder gilt es, hier und dort ein Loch zu stopfen, eine Krise durchzustehen. Die Kampfführung General Rommels, die das bewerkstelligt, ist von einer Kühnheit, die dem gewöhnlichen Sterblichen in der Front einfach unbegreiflich ist, aber restloses Vertrauen einflößt.

Die Taktik der ersten großen Schlachten war etwa die: Du bist in einem Zimmer, Dein Feind reißt die Türe auf und wirft eine Handgranate herein, Du aber erwischst ihn am Schlawittich, ziehst ihn herein, um selbst gewandt schnell aus der Türe zu entschlüpfen. So marschierten wir seelenruhig an ganzen Panzerdivisionen vorbei, dem Feind in die rückwärtigen Verbindungen. Dabei schoß es von vorne, von links und rechts rückwärts, unsere Divisionstrosse wirbelten im Artilleriefeuer, von Panzern gejagt wie ein Haufen kopfloser Hühner durcheinander. Plötzlich machten wir kehrt und hauten die Engländer zusammen nach Strich und Faden. Auf die Dauer der Kämpfe ist unser Atem natürlich erheblich kürzer geworden, ja, wir wundern uns manchmal, daß wir überhaupt noch leben; der Feind steht in Gegend Feldpostamt und Verpflegungslager, trotzdem glaube ich, sind wir überm Berg und die letzte Panzerbrigade und indische mot. Brigade kommen uns ans Messer.

Als Chef der schweren Kompanie verfüge ich in den 5 cm-

Paks und unserer Taschenartillerie, den Kavalleriegeschützen, noch über die einzige Waffe, die in der Wüste Geltung hat. Mit ihnen habe ich im Artilleriefeuer auszuhalten und den Rücken der Abteilung zu decken, wenn wir uns vor überlegenem Feind absetzen müssen. Als großen Tag der 3. Kompanie bezeichnete der Kommandeur den 26. November, als 60 englische Panzer Mark IV von der linken Flanke der Division durch sämtliche Trosse durchbrachen und von uns in der rechten Flanke der Division zusammen mit anderen Einheiten, die den Kopf behielten, abgewehrt wurden. Drei solcher Ungeheuer schossen wir auf nächste Entfernung zwischen dem Troß der Abteilung ab.

Für ihren dringend nötigen und erhofften Prestigeerfolg in Afrika haben die Tommies alles Entbehrliche an Luftwaffe aus dem Empire zusammengekratzt. So ist die Luftüberlegenheit diesmal absolut bei Rot, und wir schmecken seit 14 Tagen, was das heißt. In Schwärmen von 21 stoßen die Hurricanes wie wildgewordene Hornissen auf den Heerwurm der Division herab. Die MG-Garben spritzen wie Wasser aus dem Gartenschlauch zwischen uns herum. Erstaunlicherweise hatte ich jedoch dabei nur zwei Verwundete. Bös erging es uns, als eines Tages zwölf Bomber einmal längs und einmal quer über der marschierenden Abteilung abluden. Das Bild, als sich Staub und Pulverschwaden verzogen hatten, war scheußlich: brennende Kraftfahrzeuge, Kameraden, die nicht mehr aufstanden, Schmerzensschreie. In der darauffolgenden Nacht fand ein Bomber unsere in der weiten Wüste eingeigelte Abteilung. Dabei wurde mein Pionierzug zur Hälfte aufgerieben. In einer der letzten Vollmondnächte nahmen sich gleich drei Tommies der diesmal weitauseinandergezogenen Abteilung an und hausten in meinem Troß. Als ihre Bomben alle waren, schossen sie noch sämtliche MG-Trommeln mit roter Leuchtspur im Tiefflug leer. Vorgestern entdeckten sie uns bei einer nächtlichen Verschiebung, der Chef-PKW 2 erhielt Volltreffer, die 2. Kompanie völlig versprengt, und ich mußte, noch mehrfach angegriffen, in furchtbarer Irrfahrt wieder Anschluß an die Abteilung suchen.

Merkwürdigerweise hat mit Beginn der Operationen das Wetter Formen angenommen, die ich einfach nicht für möglich gehalten hätte, wenn sie mir im vergangenen August geschildert worden wären. Es wurde affenkalt im Verhältnis zu unseren Moleskinanzügen, und es regnete in Strömen. Die tonige Wüstenerde ließ nichts durch, sondern versumpfte, ja, bildete Seen. In einem solchen Sumpf blieb zunächst am ersten Kampftage unser Troß stecken und wurde vom Tommy gefressen. Was wir davon wieder erbeuteten, ist nun bis auf die Werkstatt- und Verpflegungswagen der englischen Artillerie und Luftwaffe zum Opfer gefallen. Ich besitze nur noch einen Rucksack mit schmutziger Wäsche und nicht anwendbarem Waschzeug - mangels Wasser. Meine Wäsche, schöne in Italien gekaufte Ledersachen und Schuhe, Feldbett, Zelt, Bücher, Tagebuch mit den größten Herzensgeheimnissen, alles ist beim Teufel. Dazu noch eine sorgfältig bewirtschaftete Kiste mit Schampus und Wein. Doch ich bin so froh, am Abend eines jeden Tages, wenn ich alle heiklen Situationen bestanden habe, und an jedem Morgen, daß mich die Nachtbomber nicht zu Hackfleisch gemacht haben, daß ich sage: »Laß fahren dahin!« Ja, oft denke ich sogar, ich werfe noch was dazu weg, wenn ich dafür eines Tages mit heilen Knochen heimkomme und wir uns froh wiedersehen.

Im nächsten Bief an die Kameraden, einen Monat später, macht uns Hößlin die Härte des afrikanischen Kriegsschauplatzes noch deutlicher, immer in seiner unvergleichlich knappen, aber anschaulichen Art der Schilderung. Er vergleicht die Salzsenke am Ostrand der Großen Syrte, in der sie Wache bezogen haben, mit der Oberfläche des Mondes. Ganz nebenher erwähnt er, daß er mit dem Eisernen Kreuz I. Klasse ausgezeichnet wurde – nur vier Monate nach der Übernahme seiner Kompanie.

8. 1. 1942

Als ich Euren Weihnachtsgruß auf der mit der gelben Standarte geschmückten Karte erhielt, beneidete ich Euch ordentlich. Ich hatte mir gerade an einem Brunnen mitten in der

Wüste mit Hilfe der Bindeleinen der Pioniere etwas Wasser heraufgewunden und mir die Spuren eines ganz furchtbaren Tages aus dem Gesicht gewaschen. Furchtbar – nicht kampfmäßig, sondern klimatisch. Ein kalter Ghibli peitschte wie ein Schneesturm auf dem Berggrat unsere Gesichter, auch das Bild war ähnlich, nur in braun, Sicht kaum 30 m. In bezug auf das Gelände muß ich meine ersten Gefechtsberichte erheblich ergänzen. Wir sind in das Herrschaftsgebiet des Sandes gekommen, Sand in grundlosen Dünen oder Wadis, oder zwischen zackige Felsbrocken geweht, wie Pulverschnee auf Gletschereis. Wir haben schon Fahrzeuge anzünden müssen, weil sie einfach versumpft waren. Das Landschaftsbild ist auch nicht mehr immer das weite Exerzierfeld, eher eine Mondlandschaft. Schau ihn Dir einmal in klarer Nacht mit dem Fernglas an! So sieht's bei uns aus!

Habe am 18. Dezember das E. K. I [Eisernes Kreuz Erster Klasse] bekommen.

Rommel bediente sich der Aufklärungsabteilungen seines Korps als schnell bewegliche Reserve im Wüstenkrieg, vor allem zur Sicherung der Flanken, die fast immer offen waren. Häufig führte der Kommandierende General sie selber, so daß Roland von Hößlin sich immer wieder neben seinem »Boß« in den Brennpunkten der Gefechte wiederfand. Im folgenden Brief schildert er seinem Großvater den Verlauf der Kämpfe.

Afrika, den 13. Januar 1942

Lieber Großpapa!

Endlich einmal läßt mir die Lage Zeit, auch Dir persönlich einen Brief zu schreiben. Meine Schilderungen aus der ersten Zeit der Kämpfe werden Dir die Eltern ja wohl zugeleitet haben.

Seit diesen Schlachten um Tobruk ist es bedeutend ruhiger geworden in der Luft und auf der Erde. Trotz ihrer zahlenmäßigen Überlegenheit sind auch die Engländer schwer abgekämpft und wagen es gar nicht mehr, uns ernstlich anzugreifen. Daß wir die Cyrenaika überhaupt aufgeben mußten, kam nur daher, daß die Engländer mit ihren zahlenmäßig überlegenen Panzerkräften dauernd unsere rückwärtigen Verbindungen störten. Dazu ist die Cyrenaika so weit nach Norden vorgebogen, daß sie spielend durch die Wüste von Süden umgangen werden kann – ebenso, wie wir es das letzte Jahr im Frühling von Westen nach Osten machten. Jetzt stehen wir wieder da, wo wir anfingen, als wir letzten März in Tripolis gelandet waren. Hier ist das Gelände für Abwehr bedeutend günstiger und bietet eine Menge natürlicher Hindernisse an Salzseen, tiefeingeschnittenen Wadis und unergründlichen Sanddünen. Zunächst hat allerdings uns selbst diese furchtbare Landschaft genugsam zu schaffen gemacht.

Wenn das Afrikakorps auch in seinem Gefüge unerschütterlich ist, haben wir doch viel zurücklassen müssen, zunächst einmal die Dinge des täglichen Lebenskomforts, und unser Dasein ist schon sehr einfach geworden. Tags sitzen wir in unseren Fahrzeugen, nachts schlafen wir in Erdlöchern, die uns gleichzeitig vor Kälte und Fliegerbombensplittern schützen sollen.

Unangenehm wird das vor allen, wenn's nachts regnet oder der Sandsturm einen fast zuweht und begräbt. Auch Waschen und Wäschewechsel sind äußerst knapp bemessen und selten. Bitter ist vor allem der Gedanke, daß sich das auch in den kommenden Monaten, wenn wir wieder einmal längere Ruhe haben sollten, nicht bessern wird.

Was wir Gott sei Dank immer noch genug haben, ist Betriebsstoff zum Fahren, und zu essen, was es gut und reichlich gibt. Die Strapazen der bisherigen Kämpfe haben mir kaum etwas anhaben können. Herzlichst grüßt Dich
Dein treuer Enkel
Roland

Und wieder einmal ist es mit dem Stellungskrieg im ständig hin- und herwogenden Wüstenkrieg zu Ende. Wie ein Maikäfer, der sich aufpumpt, bevor er wieder losfliegt, hat Rommel sich mit Verstärkungen über Tripolis vollstopfen lassen, und am 25. Januar 1942 holt er aus zu seinem zweiten großen Schlag gegen die

50

Engländer, der ihn diesmal bis an die ägyptische Grenze und darüber hinaus führen soll. Zum Schreiben bleibt künftig nicht mehr Zeit. Der »Bamberger Reiter« erhält nur eine kurze Notiz.

26. 1.1942

Oberleutnant von Hößlin
Gestern habt Ihr endlich wieder einmal eine Sondermeldung aus Afrika gehört. Wie weit uns Rommel vorwärts führen will, wissen wir nicht. Auf jeden Fall ist es eine dankbarere Aufgabe als ein Rückzug, wenn er auch noch so »glorreich« ist. Wir kämpften diesmal mit Küstenartillerie mot., die sehr weit schießen kann, - ein Gespann wie ein Warmblutpferd und ein Ochse, leider fehlten uns jedoch meistens sowohl beherrschende B[eobachtungs]-Stellen wie lohnende Ziele, um einmal richtig hinhauen zu können.

Auch der regelmäßige Brief an die Eltern wurde zwar lang, aber er wurde nicht rechtzeitig fertig. Zwischen Anfang und Ende der Abfassung verging eine Woche. Bewundernswert ist, wie Hößlin immer wieder die Zeit findet, auch kleinste Details auszumalen. Die Beschreibung der Oase Coefa verrät sein geologisches Interesse, daß er viel liest, verrät der letzte Absatz dieses langen Briefes. Ein Krieger, der das Kriegshandwerk quasi nur nebenbei betreibt und zu ganz anderem berufen ist – so will Roland von Hößlin uns scheinen.

1. Februar 1942

Liebe Eltern!
Als wir aus unserer kurzen Ruhe in der Agheila-Stellung aufgescheucht wurden, um dem vor unserer Front stehenden Feind einen Schlag zu versetzen, klagten wir alle: Jetzt fährt uns der Rommel unsere letzten Kraftfahrzeuge noch vollends kaputt, während der Tommy seine Panzerdivision im Nildelta auffrischt. Natürlich wird er wieder ausrücken und sich nicht stellen und uns mit leeren Händen stehen lassen. O Gott! und dieses Gelände! Uns schauderte die Haut bei einem Blick auf die Karte. Wir kannten sie ja gründlich, die Sanddünen des

51

Ned el Foreghu um Hesirat, in denen wir unsere LKW hatten stehen lassen müssen und anzünden. Die ersten paar Tage schien es, als sollten wir Recht behalten und nicht der General Rommel. Um unsere ehemaligen Minenfelder um Agedabia zu umgehen, mußten wir weit durch die Küstendünen ausholen – ein wahres Sandgebirge, zig Kilometer breit. Ein Anblick – ich stelle mir so das große libysche Sandmeer südlich Giarabub-Siwa vor.

Von meiner Kompanie fiel die Masse aller Fahrzeuge bis auf ein Infanteriegeschütz und eine Pak [Panzerabwehrkanone] aus. Zum großen Teil glatte Brüche des nunmehr zwei Monate ununterbrochen beanspruchten Materials. Der Instandsetzungstrupp war sofort ausgefallen – wäre es ein Rückzug gewesen, ich hätte meine Waffen sprengen, meine Fahrzeuge anzünden müssen. Als wir uns vom Sande freigekämpft hatten, verbiesterten wir uns doch noch in alte Minenfelder. In einem fort knallte es. Hier lag ein Spritwagen schief, dort eine Funkstelle oder ein LKW.

Ich muß mir immer wieder die Finger reiben, es ist so kalt, ich kann kaum den Bleistift halten.

Die nächsten Tage wurden bereits die ersten Erfolge erzielt, aber nicht von uns und an Orten, die wir nicht sahen. Wir zogen schwerfällig mit 17 cm-Küstenartillerie – riesige Dinosaurier – durchs Gelände. Bei Msus stießen wir dann auf die großen Versorgungseinrichtungen des Feindes: Panzerwerkstätten mit [Mengen] ausgefallener Panzer und Kfz, Reifenlager, Sprit und Ersatzteillager. Aus einem brennenden Verpflegungslager rafften wir uns noch einige LKW voll ange-[kohlten] Corned Beef, Mixed Pickles (prima!!) und Obstkonserven.

So, mal sehen, ob das Schreiben mit Handschuhen besser geht? Die Schrift wird jetzt allerdings unter aller Kanone!

In den folgenden Tagen Ruhe bei Msus bauten wir uns immer aus mehreren englischen Wagen aus deren Reparaturwerkstätten neue soweit zusammen, daß sie sich wenigstens zurück zur Abteilungswerkstätte schleppen ließen.

Von Msus aus stießen wir im Rahmen einer größeren

Vorausabteilung nach Nordwesten vor, um die bei und südlich Bengasi stehenden Feindkräfte abzuschneiden. wieder
graute es uns, als wir diesen Befehl hörten, und [wir] meinten,
der Tommy werde dort längst getürmt sein, bis wir uns durch
die uns ebenfalls wohlbekannten Wadis des Djebel el Achdar
mit ihren oft senkrechten Steilrändern gewunden haben würden. In einem endlosen Nachtmarsche schoben wir uns an
die Steilstufe ostwärts Bengasi heran.

Afrika, am 6. Februar
Als ich mir die letzten obigen Zeilen abgerungen hatte, war es
so kalt geworden, daß ich erst einen Dauerlauf machen mußte, um mich wieder notdürftig zu erwärmen. Dann kam auch
sehr bald der Abmarschbefehl: Richtung Cirene, Derna.

Also schon während jenes Nachtmarsches fuhr sich unsere
Kolonne oftmals in Wadis fest und stieß dann drei- bis vier-
mal in allen Richtungen vor, bis sie einen Ausweg aus dem
Labyrinth fand. Voraus fuhr immer als eifrigster und bester
Wegeerkunder unser rastloser Oberbefehlshaber [Rommel].

Als wir am Morgen bereits das alte türkische Fort von
Regina an der Piste nach Bengasi sahen, schienen das wildzer-
rissene Gelände und die tiefen Schluchten immer ausweglo-
ser. Wir benötigten auch noch den ganzen Tag bis zum Spät-
nachmittag, bis wir uns durchgekämpft hatten. Dann fuhren
wir in freierem Tempo durch Benina, holten auf der großen
Ebene nördlich Bengasi aus, um bei Coefa nördlich der Stadt
dem Feinde den Rückweg zu verlegen. So sehr ernst nahmen
wir unseren Auftrag nicht mehr, als wir uns an dem genann-
ten Ort an der Via Balbia zur Abwehr nach zwei Seiten
eingerichtet hatten. Die Tommys sind ja doch längst getürmt,
meinten wir! Es herrschte auch tiefster Frieden.

In der Abenddämmerung stand ich gerade mit meinem
Volkswagen an meiner Pak an der Straße nach Bengasi, als
von dort zwei LKW auf uns zurollten. »Tommys!« schrie der
Pakzugführer und stellte sich mit der Pistole in der Hand auf
die Straße, um nach alter Gewohnheit von Frankreich her die
beiden wie ein Verkehrsschutzmann anzuhalten. Der erste,

ein Sanka [Sanitätskraftwagen] hielt auch an, doch der nächste, ein LKW, voll bis aufs Dach mit bewaffneten Kerlen, versuchte, meinen Zugführer umzufahren und durchzubrechen. Da bekam er aber von weiter rückwärts her einen Pak-Volltreffer vor den Bug. Die Kerle sprangen, wild um sich schießend, herunter ins Gelände. Wie ich eben noch an meinen Wagen sprang, um meine Pistole zu holen, haute ein Schuß durch die Türe und streifte mich am Finger. Mein Hauptfeldwebel hinter mir rief: »Herr Oberleutnant! Ich bin verwundet!« und kroch mit einem Kopfstreifschuß rückwärts. Unter den weglaufenden Tommys hauste unsere Flak noch bös, es gab viele Tote und Verwundete.

Inzwischen fuhr weiter rückwärts ein ganzer Park von 25–30 LKW auf, und unsere Paks sorgten, daß sie nicht mehr allzuweit kamen. Maßlos erstaunt müssen auch die Fahrzeuge gewesen sein, die, aus Norden kommend, noch nach Bengasi hineinwollten und nun plötzlich einen Paktreffer durch die Scheibe bekamen. Ein undefinierbarer Eingeborener sprang, wohl mehr aus Verwirrung als aus Mut, einem MG-Schützen an der Straßenböschung an den Hals und ließ erst ab, als er mit dem Gewehrkolben auf seine Nuß bekam. Sein englischer Begleiter lief dem Posten, der ihn zum Stab abführen wollte, davon. Der Posten schoß ihm nach, mitten in unseren Haufen hinein, worauf in der Verwirrung der eingebrochenen Nacht alles wieder in diese Richtung schoß. Wiedergefangen wurde der Engländer schließlich durch den Stabsarzt, auf dessen Wagen er zustürzte.

Am 9. Februar
Während ich drei Tage an diesem Brief schrieb, lag ich mit meiner Kompanie selbständig auf Gefechtsvorposten, sechs Kilometer dem Engländer gegenüber. Ich wurde oftmals gestört, obwohl wenig los war, und mußte schließlich ganz abbrechen. In den dazwischenliegenden Tagen haben wir so viel erlebt und gestern den ganzen Tag so viel Dunst bekommen, daß die Erlebnisse vom Ende Januar wieder etwas verblaßt sind. Ich will mich deshalb kurz fassen.

54

Wir lagen also in dieser Nacht an der Straße nördlich Bengasi an der Oase Coefa und sperrten dort. Schließlich waren aus der Stadt heraus etwa 20 LKW aufgefahren, die nun versuchten, nach Norden irgendwie durchzustoßen. An Pak und 2 cm-Flak waren wir ja ziemlich stark. Unangenehm waren uns nur die Vorstöße feindlicher Gruppen mit MG zu Fuß, da wir gar keine infanteristische Kampfkraft hatten und feindliche Handstreiche in dem unübersichtlichen Kulturgelände schwer abwehren konnten. So taten wir auch in dieser Nacht, der zweiten nach der gestrigen Nachtwache, kaum ein Auge zu. Immer war etwas geboten: vier feindliche Panzer mit Pak auf Selbstfahrlafette jagten ihre weißen und roten Leuchtspurgeschosse surrend über unsere Köpfe, feindliche Stoßtrupps zu Fuß, Umgehungsversuche, feindliche Fahrzeuge am Meer entlang. Mein Infanteriegeschütz hatte nur mehr neun Schuß, mit denen ich haushalten mußte. Ironie des Schicksals: drei Tage später fand ich kaum 500 m von der Feuerstellung ein ehemaliges deutsches Munitionslager mit einem Riesenhaufen Infanteriegeschütz-Munition. Im Morgengrauen setzten wir uns aus den Stellungen unmittelbar an der Straße ab und richteten uns so am Ortsrande ein, daß wir die Via Balbo mit unseren Waffen beherrschen konnten. Die Tommys glaubten, uns sei es nun zu mulmig geworden und wir seien abgehauen. [Sie] erkletterten frech ein Haus an der Straße, besetzten es mit MG, und die Spitze einer riesigen LKW-Kolonne setzte sich in Marsch. Da gab es aber eine vor den Bug! Rumms! stand der erste. Der zweite, gerade als er überholen wollte, sperrte nun glänzend die Straße. Die Wirkung war etwa so, wie wenn man mittags 12 Uhr in der Neuhauser Straße einen Trambahnzug quer stellen würde. Eine endlose, wohl fünf bis sechs Kilometer lange Kolonne stand zunächst einmal. Das Übrige taten unsere Spähwagen, die jetzt im Gelände entlangfuhren und hineinschossen. Es ergaben sich uns an diesem Tag 800 Mann. Die Beute war riesenhaft, wurde aber größtenteils von anderen Truppenteilen geschnappt und von Arabern geplündert, während wir nach Norden sichern mußten und alle Hände voll zu tun hatten, unsere Gefangenen zu hüten. Aber, was haben die Engländer für eine Ausrüstung! Diese Kraftfahrzeuge, Bekleidung, Konserven! Schokolade! Zigaretten! Nun, heute sind wir so arm wie zuvor.

Besonders eigenartig war diese Oase Coefa, in der wir diesen Tag lagen. Am Einbruch in die Kalksteinplatte, in dem sich die fruchtbare Erde gesammelt hatte und die auch genügend Wasser empfängt. Die Vegetation in dieser Doline ist üppig, so wie man sich Afrika träumt. Der Einbruchsrand hat abwechslungsreiche Formen. Über das allgemeine Niveau ragen teilweise nur die höchsten Palmenwipfel heraus.

Einen Tag noch lagen wir bei Bengasi, dann durchzogen wir im Fluge die Cyrenaika. Ein eigenartiges Gefühl, die Straße an vielen unangenehmen Stellen gesprengt zu finden, die man sonst nur zum Vergnügen mit großer Geschwindigkeit längsfuhr, dann Cirene als erste Truppe wiederzubesetzen. Das Hotel dort, in dem ich öfter so gut geschlemmt hatte, zerrissen von einer deutschen Stukabombe, hatte nach Einwohneraussage viele Engländer unter sich begraben. Von den italienischen Siedlern wurden wir mit Jubel, Brot und Eiern begrüßt. Die Araber haben wieder viele von ihnen bis aufs Hemd ausgeplündert. Hoffentlich müssen diese Armen nicht nochmals einen Regierungswechsel erleben!

Jetzt liegen wir schon seit Tagen als vorderste Truppe am Feind mit dem Auftrag, zu halten, bis die Masse heran ist. Darum haben wir gerade gestern viel aushalten müssen. Von allen Seiten umstellten uns die Tommys mit ihren Spähwagen, in denen Artilleriebeobachter sitzen, und beaasten uns den ganzen Tag mit zwei Batterien. Wir, ohne Artillerie, können da nur aushalten und Maul halten. Ich fand Gottseidank in einem tiefen Wadi eine gut verdeckte Stellung, aus der ich mir mit dem MG die feindlichen Beobachter ganz gut vom Leibe halten konnte. Heute liegen wir in denselben Löchern, der Feind hat sich abgesetzt, alles schläft, es ist noch kein Schuß gefallen.

Seit vorgestern ist es tagsüber warm wie an Pfingsten.

Ganz zufällig hörte ich neulich bei der Armee, daß Hugo

schon seit Neujahr nicht mehr hier ist. Rommel hat ihm das Genick gebrochen. Ich muß allerdings sagen, daß dazu, gleichzeitig diese schwierigen Operationen zu meistern und diesem Oberbefehlshaber standzuhalten, titanische Kräfte gehören. Friedrich Wilhelm I. zeichnete unter seine Bilder, die er unter Gichtschmerzen malte: In tormentis pinxit F. W. – Ich hätte dies fast auch unter diesen Brief setzen können.

Viele Grüße
Roland

Am 1. Februar 1942 war der Oberleutnant von Hößlin zum Hauptmann befördert worden. Erst in einem Brief von Anfang März an den Großvater mütterlicherseits erwähnt er die Beförderung. Mit Recht weist er auf die kurze Frist zwischen seinem Eintritt als Fahnenjunker ins Regiment und dem Erreichen des zweiten Sterns auf den Schulterstücken hin, eine Frist, die nur im Krieg denkbar war. Erstaunlich ist, daß er nicht den Dienstgrad eines Rittmeisters beansprucht, auf den er als Angehöriger der Kavallerie Anspruch gehabt hätte. Vielleicht hatte er andere Sorgen. Auch wurde die Sache sehr unterschiedlich gehandhabt. Es gab auch Offiziere in der Panzeraufklärungstruppe, die ihren (begehrten) Kavalleriedienstgrad Rittmeister weiterführten. Und wieder träumt er von einem Urlaub.

3. März 1942

Lieber Großpapa!
Herzlichen Dank für Deinen Brief vom 9. Februar und die Glückwünsche zur Beförderung zum Hauptmann. Hätte ich mir das je träumen lassen, als ich als Fahnenjunker eintrat, ich würde mit 27 Jahren Hauptmann sein?

Mit dem Gegenangriff und der Wiedereroberung der Cyrenaika haben wir uns eine Zeit wohlverdienter Ruhe erkämpft, nachdem wir dem Engländer seine Verbände gründlich durcheinandergebracht und seine Versorgungsbasis zerstört hatten. So sind die Tommys wohl auf absehbare Zeit nicht mehr in der Lage, ihre Offensive fortzuführen. Unsere Abteilung liegt in einigen Wadis in den Ausläufern des Djebel el Achdar und kann so auch noch etwas die Reize des bunten Cyrenaika-Frühlings genießen. So wie Euch der Winter mit außerordentlichen Schneefällen und Kälte zu schaffen macht, brachte er uns außergewöhnliche Regenfälle – ja, einmal auf unserem Vormarsch durch die Cyrenaika hat es frühmorgens sogar geschneit. So ein Platzregen von einigen Stunden Dauer ist hier jedesmal eine Katastrophe. Heute nacht zum Beispiel wurden wir davon wieder einmal völlig überrascht. In einem Wadi, wo das Schreibtischzelt des Stabes stand, brauste innerhalb von einer Viertelstunde eine 2 m hohe Flutwelle zu Tal, knickte die Zeltmasten und riß Sprit- und Wasserkanister und manchem sein einziges Hab und Gut zu Tale. Zum Glück ist niemand dabei ertrunken.

Am 10. März werde ich nun das einjährige Jubiläum meiner Landung in Afrika feiern. Seitdem habe ich dieses Land wirklich gründlich durchgekostet: Sommerhitze, Sandstürme, tropische Regen und Winterkälte. Letzten Sommer, als ständig eine erbarmungslose Sonne von einem ewig blauen Himmel brannte, hätte ich es nie geglaubt, daß es hier auch eine andere Art der Witterung geben kann. Zur Zeit ist es hier angenehm frühlinghaft warm, aber noch zu kalt zum Baden. Ganz fern am Hoffnungs-Horizont winkt mir wieder einmal Urlaub, sobald mein Kommandeur von dem seinen zurückgekehrt ist. Ich kann dann bei Euch in Deutschland einen zweiten Frühling erleben.

Ebenso wie Papa meinst Du in Deinem Brief, ich hätte mich wohl an der englischen Beute schadlos halten können. Ja, 800 Gefangene haben wir gemacht und 200 LKW erbeutet. Doch meine Kompanie sicherte gegen einen eventuellen feindlichen Entsatzversuch, während andere Truppenteile sich die Fahrzeuge holten und die Araber die unbeweglichen ausplünderten. Das ärgerte uns am meisten, daß wir diese falschen Schweinehunde mit vollbeladenen Eseln und Kamelen abziehen lassen mußten.   Es grüßt vielmals und herzlich

Dein treuer Enkel
Roland

Eine kurze Postkarte an die Schwester in Friedberg bei Augsburg verrät noch einmal seine Ungeduld auf einen Urlaub.

15. März 1942

Liebe Luitgard!
Für Deinen netten Brief vom Februar vielen Dank. Du wirst von zu Hause schon wissen, daß wir jetzt endlich in Ruhe liegen, und zwar in schöner Umgebung in der Cyrenaika. Ich bin sehr bodenständig und erlebe nicht mehr viel. Es ist beinahe schon wieder langweilig. Klima und persönliche Lebensverhältnisse sind allerdings denkbar angenehm und schön. In einem Monat hoffe ich auch sehr, meinen Urlaub antreten zu können.   Herzlichst grüßt Dich
Dein Roland

Und im darauffolgenden Brief an den Großvater gibt er seiner Enttäuschung über den wieder verschobenen Urlaubstermin Ausdruck. Ob den passionierten Kriegsgeschichtler der Clausewitz-Katechismus des Großvaters über dieses Opfer hinwegtröstete, wagen wir zu bezweifeln.

8. April 1942

Lieber Großpapa!
Eigentlich hatte ich mir erhofft, Dich in diesen Tagen persönlich in München aufsuchen zu können. Doch wurde meine Abteilung überraschend am Ostersonntag alarmiert und eingesetzt. So liegen wir jetzt wieder einmal fern von der grünen Cyrenaika mitten in der Wüste. Die Gegend ist uns schon vertraut von dem vielen Hin und Her der früheren Kämpfe. Das ganze Gelände ist zerfurcht von den Spuren der Ketten- und Räderfahrzeuge wie ein Truppenübungsplatz. Verstreut liegen englische Konservendosen und deutsche Benzinkanister und ausgebrannte Fahrzeuge. Nach der kurzen Übergangszeit im März ist es jetzt wieder hochsommerlich heiß geworden. In den Mittagsstunden flimmert die Luft über dem Wüstenboden und verzerrt alle weiter entfernt liegenden Gegenstände zu schemenhaften Formen. Nur in der Frühe bis

8.00 und ab 16.00 Uhr kann man wie im Winter die Wüste auf 10–20 km übersehen. Gestern erst hatte ich einen sehr interessanten Auftrag, 20 km tief gegen den Feind gewaltsam aufzuklären. Beinahe hätten wir zwei englische LKW geschnappt, die bis 50 m auf uns zufuhren und erst im letzten Moment kurz kehrt machten und mit Vollgas abhauten. Dadurch wurde man beim Tommy auf uns aufmerksam, und bald veranstaltete eine ganze feindliche Aufklärungsabteilung eine Treibjagd auf uns. Zum Glück konnten wir jedoch mit heiler Haut einrücken.

Deinen Brief mit dem Clausewitz-Katechismus erhielt ich mit vielem herzlichem Dank. Es war ja schon von jeher einmal mein Vorsatz, mich mit dem Werk »Vom Kriege« zu befassen. So kann ich damit schon mal einen Anfang machen.

Am 10. April bin ich jetzt 13 Monate ununterbrochen in Afrika. Zum dritten Mal ist mir der schon greifbar nah scheinende Urlaub an der Nase vorbeigegangen. So kannst Du Dir denken, daß ich den Tag herbeisehne, wo meine Hoffnung endlich in Erfüllung geht. Da mein Weg dann über München geht, glaube ich bestimmt auch dann Dich besuchen zu können.   Mit vielen herzlichen Grüßen

Dein treuer Enkel
Roland

Dieser Brief ist der letzte, den Hößlin vor seiner Verwundung am 12. Juli 1942 nach Hause brachte. Vermutlich hat er in den drei Monaten mehr geschrieben, denn er war ja ein äußerst fleißiger Briefeschreiber. Aber die regelmäßige Dokumentation aus seiner Hand reißt hier für lange Zeit ab. Wir können vermuten, daß wenig Zeit zum Schreiben war, denn am 12. Juni machte Hößlins militärische Karriere einen weiteren bedeutenden Sprung.

An diesem Tag wurde sein Abteilungskommandeur, Major Héraucourt, schwer verwundet und fiel aus. Als nächsthöherer Dienstgrad in der Abteilung wurde Hößlin zum Kommandeur der Panzeraufklärungsabteilung 33 ernannt. Und von nun an stand er im Brennpunkt der Kämpfe, die mit dem Erreichen und

Überschreiten der ägyptischen Grenze wieder eine besondere Intensität gewonnen hatten.

Der deutsche Angriff nach Osten war vor der britischen El-Alamein-Stellung zum Erliegen gekommen. Ein britischer Gegenangriff zeichnete sich ab. Am 7. Juli 1942 versuchten Teile der 5. indischen Division die deutsch-italienische Riegelstellung im Süden zu umgehen. Wie schon so oft, wurden die 3. und die 33. PzAA als Feuerwehr eingesetzt, um eine drohende Krise zu bereinigen. Befehl der 90. Leichten Afrika-Division an Aufklärungsabteilung 33: »Mit allen verfügbaren Mitteln beschleunigt abrücken. Spähtrupps nachziehen. Antreten melden.«

Hößlin und seinen Aufklärern gelingt ein großer Erfolg. Zusammen mit Stukas und Jägern der Luftwaffe können sie den Umgehungsversuch der Inder verhindern und viele Gefangene machen. Sie besetzen eine strategisch wichtige Höhe und sichern nach Südosten und Süden.

Eine Woche später klingeln bei Hößlin wieder die Alarmglocken. Den Briten ist ein Einbruch bei der italienischen Division »Pavia« gelungen. Die 33er müssen das Loch stopfen. Zitat aus dem Kriegstagebuch der Panzerarmee Afrika:

Zur Abriegelung der Einbrüche wurden aus dem Nord- und Südabschnitt beschleunigt Aufklärungs-Abteilungen 3 und 33 in Gegend ostwärts und südwestlich des Werkes Deir el Shein herangeführt. In schnellem Vorgehen gelang es der Aufklärungs-Abteilung 33, die in den Südteil eingedrungenen Feindkräfte nach Osten zurückzuwerfen, wobei 300 Gefangene eingebracht wurden. Nach Säuberung der Befestigungsanlagen von Deir el Shein setzten beide Aufklärungsabteilungen den Angriff in südostwärtiger beziehungsweise ostwärtiger Richtung fort.

Hößlin hatte sich dabei als entschlossener und umsichtiger Führer erwiesen, und er hatte immer wieder in vorderster Linie persönliche Tapferkeit gezeigt. Hierfür sollte er einige Wochen später mit dem Ritterkreuz ausgezeichnet werden, allerdings auf dem Krankenlager, denn am 12. Juli, einen Monat nach der Übernahme seines Kommandos, erwischte es den Abteilungsführer selber. Bei der Einnahme einer englischen Bunkerstellung wurde er am rechten Arm verwundet. Auf dem Hauptverbandsplatz stellte der Abteilungsarzt einen komplizierten Durchschuß mit Verletzung der Nerven und Sehnen fest. Damals gab es noch kein Penicillin, das eine Sepsis verhütet hätte. Die Hitze, der Sand, die begrenzten Möglichkeiten einer ärztlichen Versorgung hinter der Front sorgten für eine Entzündung der Wunde. Für Hößlin hieß es zum erstenmal in seiner militärischen Laufbahn »zurück«, ohne daß der Feinddruck dies erzwungen hätte. Der Arzt ordnete die beschleunigte Überführung in ein Feldlazarett weiter hinten an, und von da aus ging es per Flugzeug in die Heimat. Wie viele andere Kameraden, hatte er der – geliebten und ungeliebten – Afrikafront adieu zu sagen.

Genesung und neue Aufgaben

Was mag in dem Kopf des 27jährigen herumgegangen sein auf den langen Flug- und Bahnstunden ins »Heimatlazarett« in Wien, der ersten Station seiner langen Genesung? Der Abschied von der Front mit ihrem Lärm und ihrem Getümmel, der ständigen physischen und psychischen Anspannung, der permanenten Nähe des Todes, der Ungewißheit des Morgen, der Abschied von einer Männergemeinschaft, wie sie keine anderen Umstände im menschlichen Leben je schaffen können, das trotzdem vorhandene Glücksgefühl, dem Unwägbaren erst einmal entronnen zu sein, die Freude auf das Wiedersehen mit den Lieben zu Hause, der Stolz auf das Geleistete und die Auszeichnungen dafür.

Hößlin konnte zu diesem Zeitpunkt wahrscheinlich noch nicht wissen, daß ihm für seine Erfolge an der Alamein-Front das Ritterkreuz verliehen werden sollte, die Auszeichnung, die einen aus der Masse der Braven hinaushob und die Blicke wie magisch auf sich zog. Am Tag seiner Verwundung, dem 12. Juli 1942, hatte er mit außerordentlichem Schneid an der Spitze seiner Kradschützen eine englische Bunkerstellung erobert und noch nach seiner äußerst schmerzhaften Verwundung die nötigen Befehle zur Weiterführung des Unternehmens gegeben, ehe er nach hinten ging. Der Divisionskommandeur dürfte ihn erst einen oder zwei Tage später zum Ritterkreuz eingegeben haben, ohne daß Hößlin es noch in Afrika erfuhr.

Die Auszeichnung erfolgte dann durch Ankündigung im »Heeresblatt« am 28. Juli, zwei Wochen nach der Verwundung. Die erste Reaktion darauf finden wir in einem undatierten Brief an den »Bamberger Reiter«, der vermutlich im August geschrieben wurde.

Hauptmann von Hößlin
Zunächst ruht das Ritterkreuz im Koffer, ich schaue es nur hie und da mal an und stelle mich gesund damit vor. Ich selbst liege im Wasserbett. Das ist ungefähr so, wie wenn Du dich mal 14 Tage in Deine Badewanne legst und Dich von außen füttern läßt. Ich habe neben meiner Schußwunde am Oberarm noch eine stark eiternde Phlegmone am Unterarm bekommen. Das ist eine ziemliche Sauerei. Ich bedaure, daß meine Abteilungsführung durch meine Verwundung genau nach einem Monat ein so jähes Ende gefunden hatte. Das Ritterkreuz habe ich mir gerade an dem Tage erworben, als ich verwundet wurde und abtreten mußte.

Am 1. September gibt es einen weiteren Brief, wieder an das Kameradenblatt gerichtet, das er, ganz vom Korpsgeist seines Regiments durchdrungen, nie vergißt. Getreulich berichtet er vom Fortgang seiner Genesung, überzeugt, daß er schnell wieder zusammengeflickt und hinausgeschickt werden könne. Aber schon im nächsten Brief muß er seine Erwartungen revidieren.

1. 9. 1942

Hauptmann von Hößlin
Ich beginne heute die vierte Woche im Wasserbett. Ich bat den Professor, mich zu diesem Jubiläumstag herauszulassen, zumal meine Wunden sehr schön aussehen und meine Temperatur ganz normal ist. Doch er sagte zu mir: »Das tut Ihnen so gut, die Wunden heilen hier so schnell, wie dies bei Trockenbehandlung nie sein kann.«

Hauptmann von Hößlin
Mir geht es täglich besser. Ich besuche schon öfters ein Kino und Theater. Die Heilung der Wunden wird noch zwei Monate dauern. Leider ist damit meine Hand noch nicht gebrauchsfähig, da die Sehnen und Nerven vielfach kaputt sind. Eine entsprechende Operation kann erst nach einem Jahr gemacht werden.

Wir wissen nicht, wie er diese Briefe kurz nach seiner Verwundung schreiben konnte, denn sein rechter Arm war ja von der Schulter herab gelähmt. Vermutlich diktierte er sie einer Krankenschwester. Der erste handschriftlich erhaltene Brief aus der Zeit nach seiner Verwundung, datiert vom 27. Dezember 1942, ist an den Großvater gerichtet, den er sehr ins Herz geschlossen hatte. Die Schrift ist etwas ungelenk, was nicht verwundert, wenn man bedenkt, daß er mit der linken Hand geschrieben wurde. Dennoch sind die charakteristischen Züge seiner Handschrift, die eine große Willenskraft verraten, unverkennbar. Hößlin will anscheinend unbedingt mit den Folgen der Verwundung fertig werden, so schnell wie möglich.

[vermutlich Wiesbaden,] 27. Dezember 42
[hs. vom Empfänger eingefügt:] angekommen 29. XII. 42
Lieber Großpapa!
Zum Jahreswechsel möchte ich Dir meine besten Wünsche senden und gleichzeitig die zum neuen Lebensjahr nachholen. Ich hoffe für Dich vor allem, daß Du das Jahr 43 ebenso in körperlicher Frische und unbeschwert von Sorgen verbringen kannst wie das letzte.

Ein ganz gutes Bild von mir, das ich letzthin in Wien machen ließ, wird Dir Mama als bescheidenes Weihnachtsgeschenk noch verpacken und zuschicken.

Im Vergleich zu den bewegten Tagen in Wien und Budapest ist der Kurbetrieb hier recht eintönig. Vor allem in Ungarn lebt man, je mehr Geld man in der Tasche hat, desto friedensmäßiger. Kein Wunsch, der einem dann nicht erfüllt werden kann. Auch das Gesellschaftsleben blüht dort wie ehedem. Fast jeden Mittag, Nachmittag oder Abend war ich eingeladen.

Hier habe ich gestern das Reiten wieder angefangen. Ein ganz guter Ausgleich für die gute Verpflegung und die viele Bettruhe. Neulich waren wir zum Kommandierenden General zum Tee eingeladen. Heute abend werden wir in dessen Loge Fledermaus sehen.

Bitte grüße Tante Jetta, wenn sie noch dort sein sollte, und sei selbst vielmals gegrüßt von Deinem treuen Enkel
Roland

In einem Brief an seine Schwester Luitgard spricht der Genesende zum erstenmal vom anderen Geschlecht. Der blendend aussehende Ritterkreuzträger muß großen Eindruck auf die Damen gemacht haben. Diese wiederum waren, bei dem allgemeinen Männermangel im Krieg, nicht unempfänglich für männlichen Charme. Zudem weckten die Verwundeten in den Lazaretten bei den Damen mütterliche Instinkte. Seiner Schwester empfiehlt Hößlin auf frotzelige Weise einen Mann, den er sich »an Land« gezogen hat.

Wiesbaden, 19. 1. 43

Lieber Schwester!
Für die schönen Handschuhe danke ich Dir vielmals. Gott sei Dank ist hier wieder so mildes Wetter, daß ich sie nicht so bitter notwendig brauche. Das Leben in Wiesbaden habe ich mir in den letzten Wochen recht lustig gestaltet. Ich habe mehrere Damenbekanntschaften gemacht, die zu meiner Unterhaltung beitragen. Es ist jetzt endlich auch ein junger Panzerleutnant eingetroffen, den ich mir gleich an meinen Tisch besorgt habe. Schade, daß Du nicht mehr da bist, das wäre so etwa das richtige für Dich, vielleicht eher wieder zu jung. Kannst Du nicht am letzten Sonntag des Januar nochmal herkommen?? ... Herzliche Grüße sendet
Dein Bruder
Roland

Hößlins Verwundung war Anfang 1943 nicht zur Zufriedenheit der Ärzte ausgeheilt. Es waren sogar Komplikationen eingetreten, die eine neue Operation notwendig machten. Hößlin kannte Sauerbruch, den damals berühmtesten deutschen Chirurgen und Chef der Berliner »Charité«. Durch seine enge Freundschaft mit Peter Sauerbruch war er im Hause des Professors schon in Friedenszeiten aus- und eingegangen. So ist es nicht verwunderlich, daß der große Arzt dem jungen Freund einen der begehrten Plätze in seiner Klinik einräumte.

Berlin war im dritten Kriegsjahr noch eine fast unzerstörte gewaltige Stadt mit unzähligen Dienststellen, einem ständigen Kommen und Gehen von Tausenden von Offizieren und Parteifunktionären, Hotels mit einem immer noch großen gesellschaftlichen Leben, wie das Adlon am Pariser Platz oder das Eden in der Budapester Straße, Restaurants, in denen man noch ohne »Karten« essen konnte, vor allem war es eine Drehscheibe des Verkehrs von Front zu Front, im Süden, Norden, Westen oder Osten. Wer Berlin kreuzte und Zeit fand, in die Halle eines der großen Hotels hineinzuschauen, war sicher, irgendeinen Kameraden oder Freund anzutreffen.

Aber die Lage war nicht mehr die gleiche wie vor einem Jahr. Die Stimmung war gedrückt. Die Reichshauptstadt stand unter dem Schock der Niederlage von Stalingrad. Zum erstenmal hatte das Regime offen einen schweren Rückschlag an der Ostfront einräumen müssen. Und wenn die Nachricht vom »spartanischen Ende« der 6. Armee an der Wolga auch noch so sehr als Heldensaga verbrämt war – jedermann wußte nun dunkel, daß sich das Schicksal Deutschlands in absehbarer Zeit irgendwo zwischen Don und Weichsel entscheiden würde, daß der Scheitelpunkt des Krieges überschritten war und es von jetzt an nur noch bergab gehen würde.

Der Rittmeister von Hößlin in seinem komfortablen Krankenzimmer in der »Charité« seines väterlichen Freundes Sauerbruch hatte viel Zeit, über das alles nachzudenken. Im Rundfunk verfolgte er die Rede des Reichspropagandaministers Joseph Goebbels im Sportpalast, in der der große Magier des Wortes die Massen zum Durchhalten im nunmehr »totalen« Krieg aufpeitschte. Die Bombenangriffe der Alliierten wurden häufiger und störender. Offenbar hatte die Luftabwehr wachsende Schwierigkeiten, der Bomberströme der Alliierten Herr zu werden.

Hößlin bekam viel Besuch. Im März kam der Oberstleutnant i. G. Graf Stauffenberg, sein Regimentskamerad aus Bamberg. Er wollte Näheres über den afrikanischen Kriegsschauplatz wissen, denn er war gerade zum Stab der Panzerarmee Afrika nach

Tunis versetzt worden. Stauffenberg ließ durchblicken, daß er den Krieg für verloren hielt und sprach von einer »Flucht an die Front«. Hößlin maß dem keine besondere Bedeutung bei, und von einem Widerstand irgendwelcher Art war damals zwischen den beiden Männern gewiß noch nicht die Rede. Jedenfalls sagte Hößlin das später der Gestapo.

Gegen Ende März meldet Hößlin den Eltern seine einstweilige Genesung. Ein Anlauf, gleich zur weiteren Ausbildung als Stabsoffizier an der Kriegsakademie angenommen zu werden, ist mißlungen. Statt dessen hat der Schulbetrieb ihn wieder, diesmal allerdings als Taktiklehrer.

Berlin, 21. März 43

Liebe Eltern!

Die Folgen meiner Operation sind bereits überwunden. Sehr leistungsfähig bin ich allerdings noch nicht. Meinen Antrag, bei der Kriegsakademie als Gast hören zu dürfen, hat das O.K.H. nicht genehmigt. Inzwischen wurde ich als Taktiklehrer an die Schule nach Krampnitz versetzt. Der dortige Lehrstab wünscht mich natürlich so bald als möglich tätig zu sehen. Deshalb fahre ich morgen hinaus, um die Möglichkeiten einer Nachbehandlung im Potsdamer Lazarett zu erkunden und mir Arbeitsmaterial zur Vorbereitung zu holen.

Diese Woche war ich bereits wieder in Gesellschaft und im Theater. Der Münchhausen-Film hat mich sehr amüsiert. Ich kann Euch seinen Besuch nur empfehlen.

Zu Alexander gehe ich heute mit Woellwarth zum Tee. Alexander fliegt wahrscheinlich am Mittwoch nach Ankara.

Von Euch bin ich sehr gespannt, über die Hochzeit auf Filseck zu hören. [. . .] Es grüßt herzlich
Euer treuer Sohn
Roland

In den beiden folgenden Briefen an Schwester und Eltern gibt er eine anschauliche Darstellung vom Berlin des fünften Kriegsjahres. Es gibt Theater, Teebesuche und diplomatische Empfänge, und der »Samstagangriff« der Engländer kann dabei –

noch nicht – stören. Interessant im Brief an die Eltern ist der Hinweis auf eine etwas unvorsichtige Bemerkung einer Gesprächsteilnehmerin hinsichtlich der Aussichten, den Krieg zu gewinnen. Hößlin gibt ihr »eins auf die Finger«. Wir können annehmen, daß die Gesprächsrunde über jeden Verdacht erhaben war. Warum der Offizier das aber den Eltern mitteilt, ist schleierhaft. Offenbar unterschätzte er die damals schon große Gefahr einer Zensur. Ein offen geäußerter Zweifel am Endsieg fiel, nach der Verschärfung des Kontroll-Apparates in der Folge von Stalingrad, unter den Gummi-Paragraphen »Wehrkraftzersetzung«. Auf Wehrkraftzersetzung aber stand die Todesstrafe.

Berlin, 21. März 43

Liebe Luitgard!
Vielen Dank für Deinen Brief und die nachträglichen Geburtstagswünsche, die ich nur ebenfalls herzlich erwidern kann. Meine Operation war wohl momentan unangenehm, bis ich die verschiedenen Betäubungsgiftstoffe, vor allem das 1 Kgr. Äther wieder aus dem Körper ausgeschieden hatte, doch nach einer Woche ging ich schon wieder aus, und jetzt hindert mich mein eingebundener Arm kaum mehr wesentlich, den im Krieg noch möglichen Vergnügen nachzugehen.

Freunde und Bekannte fand ich hier sehr viele. In der Reichshauptstadt drängt sich eben doch alles zusammen, oder dort kommen die Leute wenigstens alle durch auf der Reise Heimat-Front oder von einer Front zur anderen. Für die hiesigen Theater, die noch ganz auf dem Niveau des Friedens stehen, bekomme ich jede Woche zwei Freikarten.

[. . .] Alexander ist nur kurz hier zwischen seiner Rückkehr aus Rom und seinem Flug nach Ankara. Aus Italien hat er mir eine sehr schöne Armbanduhr mitgebracht, die sich von selbst durch die Bewegung aufzieht. So richtig etwas für einen Einarmigen.

Es grüßt herzlich
Dein Bruder
Roland

Liebe Eltern!

Herzlichen Dank für Eure beiden Briefe! [. . .] Daß sich der Kommandierende General um meine Laufbahn bemüht, ist ja sehr liebenswürdig, aber mir nicht recht. Vor allem bin ich ja kein kleiner Bub, über dessen Kopf hinweg man mit dem Rektor verhandelt. Außerdem sitze ich hier ja an der Quelle und habe Verbindungen genug, um das im Rahmen des Möglichen Liegende nach meinen Wünschen zu erreichen. Außerdem glaube ich, daß, wenn die Namhaftmachung auf dem Dienstweg ohne persönliche Rücksprache mit dem Referenten im Personalamt erfolgt, sie doch im Sande verläuft. Meine neue Dienststelle in Krampnitz untersteht übrigens direkt O.K.H. und nicht dem Wehrkreis.

Die Schule für Schnelle Truppen in Krampnitz habe ich letzten Montag aufgesucht, um das Feld meiner neuen Tätigkeit zu erkunden. Leider schwebt über den Offizierlehrgängen die Verlegung auf einen Truppenübungsplatz, Gerüchte sprechen auch von Versailles oder Saumur. Ich habe dagegen gleich zur Sprache gebracht, daß ich in chirurgischer Behandlung, möglichst von Sauerbruch, bleiben muß und täglich Massage brauche.

Am selben Abend waren wir bei Borch vier alte 17er – außer uns Woellwarth und Spanocchi. Letzten Mittwoch aß ich beim italienischen Handelsattaché ganz köstlich zu Mittag und bekam nachher noch die Kiste Zigarren, über die ich mich besonders anerkennend geäußert hatte, in die Hand gedrückt. Am Wochenende hatte ich zwei sehr nette Abende mit vielen interessanten jungen Leuten (nach dem Essen ohne Aufwand an Essen und Trinken). Auch der Samstag-Angriff konnte uns dabei nicht aus dem Konzept bringen. – Ich kann nur immer wieder sagen: »Berlin ist einfach herrlich.«

Sonntag nachmittag bei Welser und Abend bei Abrell war mir mehr Pflicht als Vergnügen. Die Welsers waren [. . .] ungeheuer vorsichtig und zurückhaltend. Nur Fees Ausspruch, bei der Beurteilung der Berufsaussichten müsse man immer damit rechnen, daß wir den Krieg verlieren könnten, veranlaßte mich, ihr eins auf die Finger zu geben. [. . .]

In den nächsten Tagen werde ich bei der Attachéabteilung Auslandsurlaub nach Ungarn beantragen. Sollte dieser nicht bewilligt werden, werde ich einen Kuraufenthalt in Italien anstreben. Meinen Dienst in Krampnitz werde ich Anfang Mai antreten.

Herzliche Grüße sendet
Euer treuer Sohn
Roland

Zweifel am Ausgang des Krieges hat Roland von Hößlin damals wohl noch nicht gehabt. Die Gesamtlage stellte sich für ihn noch nicht bedenklich dar. Die Ostfront hatte sich nach dem Rückzug von Wolga und Don im Raum Kursk-Charkow stabilisiert und empfing neue Verstärkungen für eine Entscheidungsschlacht im Sommer. In Afrika behauptete sich die Armee Arnim in Tunis gegen Engländer und Amerikaner, von einer Landung der Alliierten in Westeuropa war weit und breit nichts zu sehen. Daß er Äußerungen des Zweifels anderer nicht duldete, verrät seinen Gesinnungsstand zu jenem Zeitpunkt. Offenbar war auch der Pessimismus Stauffenbergs bei ihm nicht auf fruchtbaren Boden gefallen. »Auch so ein Pessimist aus dem OKH«, so habe er damals im März 1943, wie er später vor der Gestapo aussagte, über den älteren Regimentskameraden gedacht.

Im April wird Roland von Hößlin ein Gesuch genehmigt, bis zu seinem Dienstantritt in Krampnitz einen Erholungsurlaub in Ungarn einzulegen. Der nächste Brief kommt von dort.

Boconad, 27. 4. 1943

Liebe Eltern!

Die Ostertage verbringe ich hier bei der Familie Gosztony. Ein altes Barockschloß, in dem das 19. Jahrhundert in einer mein Auge beleidigenden Art gehaust hat.

Wir unternahmen mehrere Autofahrten, auf denen ich den Landes- und Volkscharakter gut kennenlernte. Gestern sahen wir die Reklame-Puszta mit Pferde- und Rinderherden, eine

Steppe von vielleicht 20 qkm ostwärts Debrezin, die bei vielen zum Begriff Ungarn gehört, obwohl das ganze übrige Land hochkultivierter Ackerboden ist. – Mit Reiten ist es leider weder beim Grafen Wenckheim noch hier etwas geworden. Viele Pferde sind eingezogen, die übrigen haben kein Kraftfutter, und als Sport- und Luxuseinrichtung sind sie auch nur noch selten. Ich fahre deshalb über die Woche wieder nach [Buda-]Pest, wo es für mich mehr Abwechslung gibt. Am 7. Mai will ich wieder in Berlin sein. – Die letzten Zeilen schreibe ich versuchsweise rechts.   Herzliche Grüße
Euer treuer Sohn
Roland

Ungarn war damals noch mit dem Reich verbündet und hatte Truppenkontingente an die Ostfront entsandt. Aber es litt schwer unter dem ungeliebten Krieg. Nur die Hoffnung, vor einer Überschwemmung durch die Rote Armee bewahrt zu werden, ließ es die Deutschen tolerieren. Das galt auch für die ungarischen Aristokraten, mit denen Hößlin verkehrte. Es gab natürlich Ausnahmen, wie die erwähnten Gosztonys.

LEHROFFIZIER UND ERSTE ZWEIFEL

Pünktlich zum Dienstbetrieb an der Panzertruppenschule in Krampnitz kam Hößlin nach dreiwöchiger Erholung in Ungarn wieder in Berlin an. Krampnitz war eine der modernsten Offizierszuchtstätten der Wehrmacht, ein weites Areal aus Wohnblöcken und Lehrgebäuden, Sportanlagen und Kasinos, alles im märkischen Stil aus rotem Ziegel erbaut und am romantischen, von Kiefernwäldern umstandenen Krampnitz-See gelegen, den man, zur Täuschung der englischen Bomberpiloten, mit überall verteilten Holzpontons in eine bebaute Landschaft verwandelt hatte. Von Berlin aus fuhr man mit der S-Bahn nach Potsdam, und von da aus, per Bus oder Fahrrad, selten mit einem der raren Dienstwagen, nochmal etwa fünf Kilometer nach Krampnitz hinaus. Im ersten langen Brief von dort an die Eltern kommentiert er die Neubesetzung eines Wehrkreiskommandos, freut sich über die Beförderung seines jüngeren Bruders Hartmut, beklagt die Verwundung eines Freundes und schildert noch einmal seine Eindrücke in Ungarn.

8. 5. 43

Liebe Eltern!
Da ich hier in Berlin hörte, daß meine Post aus Ungarn nicht angekommen ist, muß ich leider annehmen, daß auch Ihr noch nichts bekommen habt.

Hier in Krampnitz kam ich hungrig nach Neuigkeiten an und versuchte, von allen Seiten über Familie und Bekannte zu hören. Aus der Quelle Graf Oberndorff erfuhr ich, daß Steppuhn Schroth gewichen ist, Papas Ast jedoch noch trägt und es ihm gut gehe. Ein Jahrgangskamerad von Hartmut erzählte mir, daß unser Bruder Hauptmann geworden ist. Donnerwetter! Süßkinds versuchte ich vergeblich anzurufen, wie mag es mit Theo und Max-Theodor stehen? Mein Kommandeur-Nachfolger, Hauptmann Lienau, liegt schwer verwundet – linker Arm amputiert – in Wien im Lazarett. Sauerbruch ist Ic einer Armee geworden, zur Zeit im Hauptquartier, kommt Dienstag nochmals hierher. Oberstleutnant Graf Stauffenberg, in Tunis schwer verwundet, liegt in München.

Aus Budapest fuhr ich gestern mittag mit Schlafwagen ab und kam heute früh in Berlin an. Bei der Schule werde ich mich als Taktiklehrer für Kompanieführerlehrgänge der Panzeraufklärungsabteilungen einarbeiten. Über Samstag/Sonntag fahre ich zunächst nach Bamberg, um mir die nötigste Ausrüstung für die kommenden Monate zu holen.

Von meinem ungarischen Aufenthalt verbrachte ich die ersten acht Tage beim Grafen Wenckheim. Diese Woche war etwas enttäuschend. [...] Die ausgesprochen freundliche Einstellung gegenüber dem nationalsozialistischen Deutschland kann man allerdings in Ungarn nicht hoch genug schätzen. Außer mir waren noch ein Eichenlaubträger der Luftwaffe, Hauptmann Fischer, und ein Artillerieoberleutnant da. Obwohl auf dem Gestüt 60 Vollblutmutterstuten standen, konnte man auf dem ganzen Besitz nicht einen einzigen Schinder reiten. Der Hauptlebensinhalt war Essen – Essen . . .!

Noch nie gesehen war der Wildreichtum des Besitzes. Oft standen auf einer Wiese 50 Fasanen und 20 Stück Rehwild. Dabei waren sie so vertraut, daß Rehe zehn Schritt neben dem vorüberfahrenden Jagdwagen im Lager blieben.

Die restlichen 14 Tage verbrachte ich im sympathischen Familienkreis der Herren von Gosztony, Schwiegersohn Reichlin, abwechselnd auf dem Landsitz ostwärts Pest und in der hübschen Stadtvilla. Gosztony ist Abgeordneter der ungarischen nationalsozialistischen Partei, die dort bei der demokratischen Kallay-Regierung schlecht angeschrieben ist, und die völlig deutsch orientiert [ist]. Er verneint z. B. alle ungarischen Revolutionsgedanken: Rákosy, 1848, Petöfi, Kossuth. Wir machten mehrere interessante Autotouren ins Matra-Gebirge, nach Lillafüred im Bückgebirge, nach der Weinstadt Erlau. In der Horotbagy westlich Debrezin mußte ich erkennen, daß es die Puszta-Romantik mit riesigen Pferde- und Rinderherden und berittenen Hirten nur noch in einem kleinen Dorado, so groß wie ein Truppenübungsplatz, gibt. Auf Grund der Fremdenverkehrspropaganda setzt man diesen Teil für ganz Ungarn, das eher ein nüchternes, sehr kultiviertes Ackerland ist mit wenig Weiden und Wäldern. Wenn man die Ungarn fragt, was die Puszta ist, wissen sie's nicht recht und sagen, das ist ein kleines Dorf oder einzelnes Gehöft. »gy« wird übrigens wie »dj« gesprochen, z. B. nagy (groß) = nodj.

In Budapest wurde ich bei meinen wiederholten Besuchen bei der berittenen Garde und der ihr unterstellten spanischen Hofreitschule äußerst liebenswürdig aufgenommen. Die Wiener Maßstäbe sind zwar ganz andere, aber auch hier sah ich sehr schöne Pferde und Darbietungen der Hohen Schule.

In späteren Briefen will ich noch mehr von Ungarn erzählen, vor allem über Politik und die Honved.

Einstweilen grüßt herzlich
Euer treuer Sohn
Roland

Aus seiner Beurteilung der Haltung seiner ungarischen Freunde zum »nationalsozialistischen Deutschland« läßt sich herauslesen, daß Hößlin damals dem Regime gegenüber noch nicht klar kritisch eingestellt war. Gewiß bedrückt ihn die Lage an den Fronten, und von daher mag er sich darüber gefreut haben, daß es bei den wenigen Alliierten des Reiches noch einige gab, die bei der Stange blieben. Auch mag die Einstellung der Familie, deren Reaktionen auf Hößlins Briefe wir nicht kennen (die Briefe gingen verloren oder wurden von der Gestapo bei der Verhaftung beschlagnahmt), damals noch »pro« zum Nationalsozialismus gewesen sein. Auf jeden Fall war man vaterländisch gesinnt, und da das Reich nun in Gefahr war, hielt man zu dessen Führung, so sehr man deren Auswüchse verachten mochte.

Überhaupt stellt sich die Frage, inwieweit die Hößlins, und nicht nur sie, sondern Millionen anderer Deutscher, über die wirklichen Verbrechen der Nationalsozialisten zu diesem Zeitpunkt unterrichtet waren. Es war Krieg, in der Heimat war man auf der Suche nach Nahrung und verzehrte sich in Sorge um die Angehörigen an der Front oder in den bombardierten Städten. Es gab Tausende von Gefangenen aller Art, die ständig irgendwo herumtransportiert wurden, in Zügen, die man mit einem flüchtigen Blick auf einem Bahnsteig erhaschte, wobei man die teilnahmslosen Gesichter hinter kleinen vergitterten Gucklöchern kaum wahrnahm. Ob das nun Russen, Polen, Franzosen, Engländer, gewöhnliche Strafgefangene oder politische Häftlinge, ob das Juden waren – wer wußte das schon, und wer wußte, wo der Transport hinging? Nur ganz wenige, die rein zufällig Zeugen eines Verbrechens irgendwo hinter der Front in den Weiten Rußlands geworden waren, wagten im engsten Freundes- oder Kameradenkreis über das Gesehene zu berichten. Aber man trug es nicht weiter, es war absolut geheimste Reichssache, wie die Gestapo, wie die Konzentrationslager. Man sprach, bei Todesstrafe, nicht darüber. Und die Verbrecher selber? Sie schwiegen eisern.

Wann setzte bei Hößlin das Umdenken, das Hinterfragen ein? Wir können ausschließen, daß er Zeuge eines Verbrechens gegen die Menschenrechte wurde. Er hatte auf einem ehrenhaften Kriegsschauplatz gekämpft und war seit Polen nie mehr mit dem unübersichtlichen, hinter Schleiern verborgenen »Schauplatz des Weltanschauungskrieges« in Berührung gekommen. Von der »Shoah«, dem hebräischen Wort für Untergang und Vernichtung, das der jüdische Schriftsteller Claude Lanzmann für seine Filmdokumentation über den Holocaust wählte, und von den Ungeheuerlichkeiten, die sich dahinter verbargen, hatte er nicht die geringste Ahnung. Auch dürfte keiner seiner Besucher von der Ostfront ihm irgend etwas über die Vorgänge in den rückwärtigen Armeegebieten berichtet haben.

Statt dessen erfuhr er gewiß jeden Tag von der immer mißlicher werdenden Lage an allen Fronten. Er brauchte nur die täglichen Wehrmachtsberichte zu studieren, um zu wissen, daß es unaufhaltsam in Rußland zurückging. Im Juli 1943 scheiterte das Unternehmen »Zitadelle«, der letzte Versuch, der Roten Armee in einer umfassenden Kesselschlacht am Frontbogen zwischen Orel und Kursk das Rückgrat zu brechen.

Am schwersten aber wird ihn das Ende der geliebten Afrikaarmee in Tunesien im Mai 1943 getroffen haben. In einem Brief an die Eltern kommentiert er dieses Ereignis.

Krampnitz, 17. 5. 43

Liebe Eltern!

Daß die Stämme unserer Truppenteile der Panzerarmee Afrika, deren Wohl und Wehe uns so nahe ging, untergingen oder kapitulieren mußten, und daß der Kriegsschauplatz, den wir in seiner öden Großartigkeit lieben gelernt hatten und auf dem so viele Freunde und Kameraden blieben, verloren ging, ist für uns Afrikaner sehr bitter. Für meine jetzige Stellung hat die Tatsache noch den Nachteil, daß die dort gewonnenen Kriegserfahrungen nur historische Bedeutung haben. Zu meiner großen Freude im Unglück hörte ich, daß drei Offiziere meiner Abteilung, Gienanth, Helldorf, Hoensbroech, auf einem Sturmboot auf Befehl des General von Vaerst noch wegkamen. Mein Nachfolger Lienau bekam das Ritterkreuz und wurde nach sechsmonatiger Abteilungsführung Major. Leider macht mir sein Gesundheitszustand große Sorgen. Anscheinend hat er auch schwere Sepsis. Nach Abnahme der Hand ist jetzt auch das Bein gefährdet. Außerdem ist auch die Bauchdecke aufgerissen. Alles diese verfluchten Schlachtflieger.

Bei meinem Besuch in Bamberg traf ich Schack, verwundet und eben Major, Baronin Borch und Lerchenfeld. Diesen Sonntag war ich mit Woellwarth bei einer sehr netten Einladung und im Theater. Sauerbruch sah ich auf einem kurzen Sprung zum OKH. Er ist Ic einer Armee.

Der Dienstbetrieb auf der Schule ist eher ruhig. Was gemacht wird, hat jedoch Hand und Fuß. Die Lehrübungen vermitteln die mir fehlenden Osterfahrungen. Ich arbeite in der freien Zeit viel für mich. Material bietet die Vorschriftenstelle der Schule in Hülle und Fülle.

Meine Hand zeigt jetzt – ganz programmgemäß – noch keine Folgen der Sauerbruchschen Operation, doch hat sie sich durch Massage laufend verbessert. Hier im Revier bekomme ich täglich ganz sachgemäße Behandlung.

Herzlichst grüßt
Euer treuer Sohn
Roland

Im Herbst 1943 nahm Hößlin an einem Kommandeurslehrgang teil, der dreiteilig in Krampnitz, Putlos an der Ostsee und Paris stattfand. Seine Ausbilder waren ein Oberst von Müller und ein Major Luck. Beide Offiziere waren außergewöhnlich gebildet. Beide machten, wie wir von Zeugen wissen, aus ihrer ablehnenden Haltung zum Nationalsozialismus keinen Hehl. Zu dem Lehrgang waren angehende Kommandeure aus vielen Truppenteilen und von allen Fronten kommandiert. In den Pausen gab es Gespräche. Was erfuhr Hößlin von Vorgängen im Osten? Wir haben einen Hinweis, daß ihn irgend etwas erschüttert haben muß. Zu einem seiner Lehrgangskameraden sagte er: »Glauben Sie, daß wir unter diesem Regime noch das Recht haben, den Krieg zu gewinnen?«

Das war ein moralisch-psychologischer Bruch in ihm. Das war etwas anderes als einer der damals oft geäußerten Zweifel an der Chance, den Krieg militärisch noch gewinnen zu können. Das war die Frage, ob man das »Recht« habe, ihn zu gewinnen. Und zwar das Recht unter »diesem Regime«. Eine Frage, die sich deutsche Offiziere bisher nie hatten zu stellen brauchen, weder in den Napoleonischen noch in den späteren Kriegen, geschweige denn vorher. Hier hatte er offenbar etwas erfahren, das ihn schockte. Hier begann sein Gewissen zu pochen. Hier mag das Nachdenken in schlaflosen Nächten begonnen haben. Haben wir unter diesem Regime noch das Recht, den Krieg zu gewinnen? Und weiter gefragt: Sind wir an ein Regime, an einen Mann, der Scheußlichkeiten begeht, wie sie in keinem Kriegskodex zugelassen sind, noch durch unseren Soldateneid gebunden? Und noch weiter gefragt: Dürfen wir tatenlos zuschauen? Oder müssen wir die Hand gegen den Verbrecher erheben?

Dies wird bei Hößlin ein längerer Prozeß gewesen sein. Aber bei seiner klaren Art zu denken und seiner zupackenden Entschlußfreudigkeit wird er ihn schneller abgeschlossen haben als andere. Vor allem wird er ihn nicht mehr abgebrochen haben. Er schloß die Augen nicht mehr, er hielt sie offen. Wir können uns hier nur in Vermutungen bewegen. Hößlin hat sich nur sehr wenigen gegenüber zu diesem Gewissenskonflikt geäußert, und er hat dazu nicht das geringste schriftlich überliefert, was aus allem vorher Geschilderten ja selbstverständlich ist. Nach außen mußte er seinen Dienst wie gewohnt weiterführen, ein Dienst, der bei dem ständigen Verschleiß an Offizieren immer hektischer wurde. Hößlin muß sich seiner Verantwortung, aus dem immer fadenscheiniger werdenden Offiziersnachwuchs das Optimum an Ersatz für die Front herauszuholen, jeden Tag drückender bewußt geworden sein. Gleichzeitig aber nagte, von Tag zu Tag mehr, der Zweifel an dem Sinn des Ganzen an ihm.

Das Schicksal hielt in diesem Herbst 1943 bereits eine weitere entscheidende Etappe zum Bruch mit dem Regime in der Hinterhand. Am 7. April war in Afrika sein Regimentskamerad Stauffenberg bei einem Tiefffliegerangriff schwer verwundet worden, nur wenige Tage nach seinem Eintreffen in der neuen Verwendung. Mit einem der letzten Transporte hatte man den in Lebensgefahr schwebenden Offizier ausgeflogen. Stauffenberg hatte das linke Auge, die rechte Hand und zwei Finger der linken Hand verloren.

Noch vor seiner Entlassung aus dem Lazarett hatte das Heerespersonalamt den brillanten Generalstäbler als Chef des Stabes in das Allgemeine Heeresamt versetzt, das für die gesamte Materialausrüstung des Heeres zuständig war. Chef des Amtes war General der Infanterie Friedrich Olbricht, der später einer der führenden Männer in der Verschwörung gegen Hitler werden sollte. Stauffenberg begann sehr bald, seine inzwischen gewonnene Überzeugung, daß das Unheil von Deutschland nur noch durch eine Beseitigung Hitlers abgewendet werden könne, in die Tat umzusetzen. Unter Ausnutzung seiner Dienststellung ging er im Herbst 1943 an die systematische konspirative Vorbereitung eines Staatsstreiches heran. Es galt, überall Vertrauensleute zu gewinnen und sie in die straffe Putsch-Organisation einzubauen. Zu den Auserwählten gehörte auch Peter Sauerbruch, der Freund aus Bamberg. Sauerbruch, fern von Berlin an der Ostfront eingesetzt, konnte zunächst jedoch nicht wirksam werden. Aber er wußte um Stauffenbergs Bemühungen und war bereit, sie zu unterstützen.

Hößlin dagegen machte in seinen Briefen an die Eltern die alltäglichen Verhältnisse im Ausbildungsbetrieb zum alleinigen Gegenstand seiner Mitteilungen.

17. Oktober 43

Liebe Eltern!
Diesen Brief schreibe ich an Alexanders Schreibtisch, den ich schon zum Sonntagsfrühstück überfiel. Da er Mittwoch in die Türkei reist, ist das Wiedersehen nur kurz. Das Eingewöhnen im dienstlichen Alltag in Krampnitz wurde mir verflucht sauer. Dabei ist es bärenkalt in allen Räumen, so daß man nichts Schlaueres machen kann, als sich im Bademantel ins kalte Kommißbett zu rollen. Oh, wie schön waren die Pariser Betten! Trotzdem genieße ich Krampnitz, vor allem nachdem die Gefahr des Truppenübungsplatzes am Horizont gebannt ist. Ich reite im farbigen, kühlen Herbstwald jetzt wieder mit großem Genuß einen drahtigen Vollbluthengst. Wenn er so richtig vollhals wiehert, laufen die Kinder heulend davon; ein anderer Knirps fragte neulich »Onkel, fällst Du auch runter? Schnalz mal mit der Zunge!« Samstag abend sah ich mit der Gräfin Welczeck zusammen eine eindrucksvolle Clavigo-Aufführung. Hinterher aßen wir bei einem Botschafter Hewel zu Abend, auf dessen Sofa ich in den Morgenstunden auch Nachtquartier bezog.   Alexander bläst zum Marsch!
Herzlichen Gruß
Roland

[P. S.:] Wir haben heute nachmittag zusammen, d. h. Alexander und ich, Krampnitz und die Turnierställe besichtigt und in meiner Wohnung einen Schnaps getrunken.

80

Liebe Mama!
Zu Deinem Geburtstag am Freitag gratuliere ich Dir herzlich.
Ich hoffe, mein Paket mit Briefpapier und Strümpfen ist gut
angekommen. Den heutigen Tag widmete ich ganz in Berlin
meiner Gesundheit. Es war ein aufregendes Hin- und Herren-
nen und dann wieder Warten bei der orthopädischen Versor-
gungsstelle, dem Handschuhmacher, der mir den Pelzhandschuh anmaß, und der Charité. Gestern hielt ich vor meinen
sieben Lehrgangsteilnehmern ein Planspiel, zu dem erschienen sämtliche Vorgesetzte: zwei Obersten, ein Oberstleutnant. Morgen reite ich auf meinem Vollblüter eine Jagd mit.
Freue mich sehr darauf.   R.

Immerhin, es gibt Hinweise, daß die Gürtel enger geschnallt
werden müssen. Im kalten Krampnitzer Kommißbett erinnert
sich der Hauptmann der warmen Pariser Betten. Aber er reitet
wieder, und das mag ihn ablenken. Und Berlin ist immer noch
eine Stadt mit viel gesellschaftlichem Betrieb, wie seine weiteren
Briefe bezeugen. Sogar Paris lockt wieder. Und die Ostfront?
Auch Hößlin unterliegt dem Syndrom des »Heimatoffiziers«,
der nach langem Genesungsaufenthalt und anschließender Gar-
nisonsverwendung den Kontakt zur Front zu verlieren droht und
sich nach »draußen« zu den immer schwerer ringenden Kameraden drängt.

Liebe Eltern!
Den Brief mit der Abschrift von Hartmuts Bericht aus dem
Osten erhielt ich mit vielem Dank. Letzterer hat mich sehr
interessiert. Je mehr ich davon höre, je länger ich in der
Heimat sitze und die Kriegserfahrung in Rußland entbehre,
desto mehr drängt es mich, eines Tages dort ein Kommando
zu übernehmen. Allerdings ist dienstlich für mich jetzt wieder ein neuer Gesichtspunkt aufgetreten. Ich hörte, daß mich
mein Pariser Lehrgruppenkommandeur beim Personalamt
als Kommandeur der Lehrabteilung der Kompanieführer-

schule Versailles vorgeschlagen hat, und der Referent damit
einverstanden sei. Jetzt kommt es noch darauf an, ob Krampnitz mich wegläßt. Ich bin sehr erfreut über diese Aussicht,
eine selbständige Kommandeurstellung zu bekommen. Dort
hätte ich alles, was ich mir wünsche. Auch die Reitmöglich-
keit im benachbarten St. Germain fehlt nicht.

Letzten Donnerstag ritt ich in Döberitz die Jagd der Reitschule mit. Mein Vollblüter wurde ja mal zwischendurch
erheblich schnell und ich konnte meinen Platz im Feld nicht
halten. Er trug mich jedoch sicher über alle obstacles.

Diesen Sonntag sitze ich im Eden. Den Samstagabend war
ich im Theater, aß dann mit einem Mädchen zu Abend, wozu
sich auch mein ehemaliger Regimentskamerad Poschinger ge-
sellte. Es war sehr lustig. Als ich gestern nach langer Schwierigkeit wieder bei Welsers anrief, wurde ich für heute zum *Mittagessen* [im Original unterstrichen] eingeladen. Das ist ganz
außergewöhnlich und gegen grundsätzliche Erwägungen. [. . .]

Viele herzliche Grüße
Euer getreuer Sohn
Roland

1. November 43

Liebe Eltern!
Da ich Weihnachten doch schwerlich eine Zulassungskarte
bekommen werde, will ich diesen Monat die Möglichkeit des
Kurzurlaubs erfassen und am 11. ds. Euch besuchen kommen. Am 14. muß ich dann allerdings schon wieder reisen.

Bitte bestellt mir ein Zimmer, wenn möglich mit Bad. Es
muß durchaus nicht beim Herrn Bock sein. Genaues über
Ankunft schreibe ich noch. Letzte Woche revanchierte ich
mich bei meinen hiesigen Gastgebern einmal mit guten alten
Flaschen aus dem Bamberger Kasino und lud dazu die Ehe-
paare Schulenburg und Hessen ein. Am Donnerstag tat ich
bei einer ziemlich schweren Grabenjagd einen harmlosen
Sturz. Am Sonntag sah ich mit der Gräfin Welczeck »Wie es
Euch gefällt« von Shakespeare. Genau dieselbe Schauspiele-
rin, die mich vor zehn Jahren im Münchener Schauspielhaus

im selben Stück so begeisterte, erweckte heutigen Tags wieder genau dieselben Gefühle in mir. Es ist Käthe Gold. Im Edenhotel sprach ich kurz Graf Oberndorff, der aus Bromberg zu Besuch war, er läßt sich bestens empfehlen.

Heute ritt ich Hubertus. Es war, wie es sein sollte, doch selten ist, der Höhepunkt des Jahres. Herrliches Herbstwetter, Pferd, Strecke und Gesellschaft taten das Ihre, um das Erlebnis zu runden.

Auf das Durchkommen Sauerbruchs wartete ich bislang vergebens. Fink von meinem Regiment traf ich auch am Sonntag. Überhaupt das Edenhotel – es ist für mich die Kleinstadt der großdeutschen Gesellschaft, beinahe wie's Sacher für die k.u.k. Monarchie.

Herzliche Grüße und auf baldiges Wiedersehen,
Euer treuer Sohn
Roland

Zu Recht charakterisiert der junge Offizier das Eden als das Berliner »Sacher«. Das nicht einmal große, aber mit einem hervorragenden Restaurant und einer guten Bar ausgestattete Hotel in der Budapester Straße, unweit des Bahnhofs Zoo, war der Treffpunkt schlechthin für das, was man heute »jetset« nennen würde – nur daß man damals eben auf dem Fahrrad jettete. Der blendend aussehende Ritterkreuzträger fühlte sich in dem rosa Plüsch und den Goldstuckaturen offenbar sehr wohl, und er kannte einige der damals begehrtesten Mädchen der Berliner Gesellschaft, wie Gräfin Ines Welczek, die »Wrede-Zwillinge« oder die bildhübschen Prinzessinnen Wassiltchikow, die ständig in diesem Haus verkehrten. Man aß und trank noch gut, und man tauschte ziemlich unbekümmert Nachrichten aus, wenn auch immer darauf bedacht, seinen Gesprächspartner sorgfältig unter die Lupe zu nehmen.

Drei Wochen später zeugt sein Brief wieder einmal von der Wertschätzung, die man ihm höheren Orts entgegenbringt. Er muß jetzt sogar künftige Kompaniechefs der Verbündeten ausbilden.

Liebe Eltern!

Die erste freie Zeit für einen Brief gewährt mir die Tätigkeit als Offizier vom Dienst Samstag/Sonntag. Das Planspiel bekam ich unter erheblicher Strapazierung meines Gehirns glücklich unter Dach. Es ist auch von den Herren Vorgesetzten gebilligt worden. Bei meiner Ankunft erwartete mich außerdem ein rumänischer Offizierlehrgang. Zehn Zigeuner, die ich zu Chefs von Spähkompanien beziehungsweise gepanzerten Schützenkompanien ausbilden soll. Das größte Kopfzerbrechen bereitete mir, daß ich im Gruppenrahmen auszubilden anfangen soll. Mit so kleinen Verbänden habe ich mich nie mehr beschäftigt. Heute habe ich sie Panzerspähtrupp führen lassen. Ein Hauptmann, Träger des EK II, hat seine Sache gut gemacht. Er ist Kavallerist, war sechs Jahre Reitlehrer auf der rumänischen Kavallerieschule, ein Jahr in Saumur. Ein anderer Hauptmann, der sehr gut deutsch spricht und mit einer Deutschen verheiratet ist, ist mir auch sehr sympathisch.

Mittwoch war ich während eines Fliegerangriffs bei Alexander zum Abendessen zusammen mit Agnes und dem Grafen Schwerin, Bruder Irmgards. Wir aßen und tranken kostbare Dinge aus der Türkei: Kaviar und Whisky.

Donnerstag sprach ich telephonisch mit Sohn Sauerbruch, der hier abrufbereit auf neue Verwendung wartet. Der Vater ließ mir ausrichten, er sei sehr zufrieden mit dem Ergebnis des neurologischen Befunds und glaube, daß ich bald feldverwendungsfähig würde.

Heute schlug hier wie eine Bombe der Befehl zur Verlegung der Schule in ein gottverlassenes Nest in Westfrankreich ein. Zeitpunkt etwa Weihnachten. Da hammas! Umso mehr Grund für mich, bald abzuhauen. Wenn aus Versailles nichts wird, denke ich mir mein Programm: Februar Kur Gastein, März Urlaub, April Frontverwendung.

Herzliche Grüße
Roland

Der nächste Brief ist ein Zeitdokument. Er berichtet von dem ersten schweren Flächenangriff englischer Bomber auf die Reichshauptstadt in den Nächten des 22. und 23. November. Berlin wurde damals, hauptsächlich durch Brand, zu etwa einem Sechstel vollständig zerstört. Am schwersten wurden der Westen und Südwesten getroffen, aber auch das Stadtzentrum trug schwerste Schäden davon. Zum erstenmal wurde das Leben nachhaltig unterbrochen, war der Beweis geliefert, daß neben der russischen Erdoffensive im Osten nun auch die englisch-amerikanische Luftoffensive aus dem Westen nicht mehr aufgehalten werden konnte.

Hößlin sieht nun wieder Sauerbruch, der zwischen zwei Frontverwendungen durch Berlin kommt und sich beim »GZ«, der Zentrale des Generalstabs, nach dem neuen Posten erkundigt. Das klappt nicht so recht, wie er will, weil der Generalstabs-chef des Heeres, Zeitzler, ihn nicht gehen lassen möchte. Es geht viel drunter und drüber in diesen aufgeregten Tagen nach dem schweren Luftangriff, und so hocken die beiden Freunde zusammen und tauschen ihre Meinungen aus. Sprechen sie über Stauffenberg und seine Pläne? Nichts deutet zu diesem Zeitpunkt darauf hin. Statt dessen hofft Hößlin erneut auf eine baldige Versetzung an die russische Front.

Potsdam-Krampnitz, 25. 11. 43

Liebe Eltern!
In den letzten Nächten ist Berlin eine Wüste geworden. Von Bekannten und Verwandten habe ich keine Spur. Die Prinzessin Wrede wurde bei Sauerbruch in die Charité eingeliefert, Gräfin Welczeck mit einigen Habseligkeiten auf einem Handwagen auf dem Kurfürstendamm gesehen. Beim zweiten Angriff saß ich bei Sauerbruchs in Wannsee im Keller und mußte dort übernachten, da die S-Bahn keinen Strom mehr hatte. Sauerbruch fuhr anschließend mit mir nach Krampnitz, um auf der Dienstleitung Verbindung mit der G. Z. wegen seiner neuen Verwendung aufzunehmen. Die Nachfrage hatte für ihn kein positives Ergebnis. Das hat eine längere Vorgeschichte. Als mein ehemaliger

Fähnrichsvater General der Schlachtflieger wurde, forderte er Sauerbruch auf die Stelle des Generalstabsoffiziers des Heeres bei seinem Stabe an. Nun ist vor einigen Tagen Kupfer tödlich abgestürzt. Was uns sehr erschütterte, aber Sauerbruch hoffen ließ, nach einer entsprechenden Zusage der G. Z., daß er jetzt Ia einer Panzerdivision werden würde. Doch hielt Zeitzler an der schon getroffenen Entscheidung fest.

An der Schule geht's augenblicklich auch drunter und drüber. Viele Familien sind in Berlin bombengeschädigt. Für die Ausbildung ist kein Sprit da. Kommandeurwechsel in meiner Lehrgruppe. Mein alter Kommandeur, Oberstleutnant von Witzleben, hat für mich beim Personalamt vorgesprochen, ich würde am 1. 4. voraussichtlich kriegsverwendungsfähig. Der Oberst Kretschmer hat zugesagt, ich würde dann zu diesem Zeitpunkt eine Abteilung bekommen. Aus Versailles wird nichts, da der dortige Kommandeur zunächst bleibt. Der Verlegung nach Frankreich werde ich rechtzeitig ausweichen mit Hilfe eines ärztlichen Zeugnisses.

Herzliche Grüße
Roland

Der letzte Brief im alten Jahr zeigt noch einmal anschaulich, wie weit die sorgfältig geölte preußisch-deutsche Kriegs- und Verwaltungsmaschinerie durch die alliierte Luftoffensive ins Stottern geraten ist. Nichts geht mehr ohne Improvisation. Es gibt keine S-Bahn mehr, man nimmt das Fahrrad. Die Post bleibt aus. Wer den Zug in andere Teile des Reiches nehmen will, muß ihn irgendwo in den Vororten der Riesenstadt besteigen, denn die Berliner Kopfbahnhöfe sind weitgehend zerstört. Befehle kommen nicht mehr durch, Versetzungen lassen auf sich warten, und die Schule für Kompaniechefs der Panzertruppe bleibt eben noch da, wo sie ist, denn man kann solche Riesenkomplexe bei der ständigen Überbeanspruchung der Verkehrsstränge nicht mehr irgendwohin im noch besetzten Europa verlegen.

3. Dezember 43

Liebe Eltern!
Voraus eine Nachricht, die Euch sicher freuen wird. Ich bekomme voraussichtlich in der 1. Rate Weihnachtsurlaub und
werde fahren können, sobald mein rumänischer Offizierlehrgang zu Ende ist, das wird am 17. Dezember sein. Bitte bestellt mir gleich ein Hotelzimmer von ähnlicher Güte wie das
letzte Mal ab 17. 12.

Unser hiesiges Leben steht ganz unter dem Eindruck der
schweren Angriffe auf Berlin. Während ich diese Zeilen beginne, tönte schon wieder die Sirene. Bei uns heraußen war-
fen sie bis jetzt nur ein paar Brandbomben auf die Ställe und
Sprengbomben auf einen Flak-Scheinwerfer. Das Leben in
Berlin bricht sich jedesmal wieder mit einer Urgewalt Bahn
wie in einem zerstörten Ameisenhaufen.

Post bekommen wir kaum mehr. Von Euch habe ich etwa
seit 14 Tagen nichts mehr. Da kaum mehr Verkehrsmit-
tel gehen, vor allem nicht mehr nach Potsdam, radelte
ich letzten Samstag abend zu Sauerbruchs nach Wannsee
10 km. Dieser Anstrengung völlig entwöhnt und falsch angezogen, kam ich völlig durchgeschwitzt an. Da Peter jetzt
endgültig beim General der Schlachtflieger sitzt, werden wir
uns wieder oft sehen. In diesen Tagen fährt er allerdings ins
Hauptquartier.

Die Verlegung der Schule soll jetzt doch nicht erfolgen, nur
die Lehrtruppe wegkommen.   Herzliche Grüße
                                                    Euer treuer Sohn
                                                           Roland

Der erste Brief aus dem neuen, dem fünften Kriegsjahr, läßt
schon in den ersten Worten eine große Ermüdung Hößlins
erscheinen. Er ist von einem kurzen Urlaub bei den geliebten
Eltern in München zurück, der ihn die Sorgen vielleicht etwas
vergessen lassen hat. Und nun kommt er wieder in den kalten
Kasernenbetrieb, nachdem er vorher durch das zerbombte, ver-
kohlte Berlin gefahren ist. Und er sieht – SS-Offiziere vor sich.
Die Waffen-SS, Fronttruppe des allmächtigen Reichsführers SS

Heinrich Himmler, befindet sich in immer rascherem Ausbau zu einer veritablen zweiten Armee im Staate. Zu diesem Zeitpunkt verfügt sie bereits über zwei Armeen mit jeweils drei Korps und 12 Divisionen, darunter fast die Hälfte Freiwilligenverbände aus dem »großgermanischen« Europa. Sie hat großen Offiziersbedarf und kann den Nachwuchs nicht mehr allein in ihren eigenen Schulen ausbilden. Auch wird gewünscht, daß sich das Offizierskorps der Wehrmacht mit dem der Waffen-SS mischt, daß man sich kennenlernt, daß man, wer weiß, den Keim der nationalsozialistischen Lehre auf diese Weise leichter in die jungen Wehrmachtsoffiziere senkt, die zwar längst nicht mehr elitär, aber in ihren bürgerlichen oder Arbeiterfamilien auch nicht unbedingt zu strammen Nationalsozialisten erzogen worden sind. Auf den Waffen-SS-Nachwuchs dagegen ist Verlaß. Er ist in den Junkerschulen zu fanatischem Durchhalten und bedingungsloser Treue zum Führer erzogen worden und wird, wenn Bedarf ist, auch an anderen, weniger der Öffentlichkeit zugänglichen »Fronten« eingesetzt.

Hößlin wird die sechs jungen Offiziere mit dem Reichsadler auf dem linken Oberarm und dem Totenkopf auf den Spiegeln also mit ausbilden. Vielleicht hat er insgeheim eine Art Achtung für sie, denn sie sind intelligente und sehr tapfere Leute mit einem vorbildlichen Korpsgeist. Aber im großen und ganzen hat er die Schule satt und sehnt sich nun immer mehr nach der Rückkehr zur kämpfenden Truppe. Er freundet sich mit einem seiner Kameraden an der Schule, dem Prinzen Ludwig (Lu) Hessen, und seiner englischen Frau aus dem Hause Guinness an, die ihn zu ihrem schönen Schloß Wolfsgarten in den Wäldern bei Darmstadt mitnehmen, ein Haus, in dem einst der mit dem Hause Hessen verschwägerte Zar aller Reußen verkehrte.

7. 1. 44

Liebe Eltern!
Zu dem für 3. Januar vorgesehenen Kompanieführerlehrgang sind zunächst nur drei, dann weitere drei SS-Führer, kein Offizier des Heeres erschienen. So erlahmten meine zunächst gefaßten guten Grundsätze sofort völlig. Ich bin jetzt nur

bemüht, diesen kümmerlichen Haufen abzuschieben und mir eine angemessenere Aufgabe zu verschaffen. Meine intensivste tägliche Arbeit leiste ich an meinem Hengst. Die Reitschule hat mir schon wieder eine Schwadron angeboten, deren Chef als Kommandeur zu einem Reiterregiment ging.

Schrieb ich schon von der Neujahrsgans im Hause Thüngen? Alexanders werde ich nächsten Sonntag besuchen. Die letzten Tage, die der Prinz von Hessen noch hier ist, war ich fast täglich in seinem gemütlichen Hause. Demnächst will ich ihn auf Kurzurlaub in Wolfsgarten besuchen. Das Ganze muß eine einzigartige Sammlung sein. Schwer bedrückt ihn, daß das Schloß jetzt mit einem Krankenhaus belegt werden soll. Ich habe mit der Prinzessin auch ausgemacht, daß Luitgard sie mal besuchen soll. Sie würde da außerordentliche Menschen kennenlernen.

Geheimrat Sauerbruch habe ich mich auch wieder vorgestellt. Er ist zufrieden und mit einer Frontverwendung ab Frühjahr ganz einverstanden. Herzliche Grüße
Euer treuer Sohn
Roland

14 Tage später muß er seinen Wunsch, an die Front versetzt zu werden, noch einmal zurückstecken. Statt dessen winkt man ihm mit der Beförderung zum Major, und man schickt ihn noch einmal nach Paris, um die Kommandeurslehrgänge in Versailles aufzulösen und nach Deutschland zu überführen. Das Reich igelt sich ein, in Erwartung der großen Entscheidung im Westen, die nun täglich bevorstehen kann.

Hößlin entwickelt einen wahren Hunger nach Theater. Trotz des für Kriegszeiten charakteristischen Drangs, sich von dem täglichen Elend ab und der Kunst zuzuwenden, zeigt er mehr als nur Lust zur Abwechslung. Er ist von einer Passion für die Muse Thalia besessen und nutzt jede Gelegenheit zu vergleichenden Theaterbesuchen. Berlin hat auch im fünften Kriegsjahr noch viele ausgezeichnete Bühnen, und der Propagandaminister Goebbels, ein Mann, der um den Wert des »panem et circenses« für ein geprügeltes Volk weiß, tut alles, um sie am Leben zu erhalten, bis hin zur Rückstellung von Schauspielern von der Front. Hößlin amüsiert sich über eine Logennachbarin, die seine kaum ältere Tante Elisabeth, Freifrau von Süßkind-Schwendi, für seine Mutter hält.

21. 1. 44

Liebe Eltern!

Papas Brief vom 18. 1. war wieder die erste Nachricht nach 14tägiger Pause. Ich glaubte schon, Ihr hättet irgendwelche länger beabsichtigte Reisevorhaben ausgeführt.

Mein etwas langweiliges Krampnitzer Leben hat wieder eine kleine abwechselnde Wendung erfahren. Ich werde Anfang Februar nach Versailles kommandiert, um die Reste der dortigen aufgelösten Schule zu übernehmen und nach hier zu verladen. Mein Programm ist so, daß ich morgen zum Prinz von Hessen, Schloß Wolfsgarten [. . .] fahren werde und am 26. abends von dort weiter nach Paris. Mein dienstlicher Auftrag wird etwa acht Tage dauern.

Die Schule Krampnitz bleibt endgültig und in vergrößertem Umfang hier. Meine Wünsche nach einer Frontverwendung trug ich gestern dem Kommandeur vor. Er meinte, es eile doch nicht so und »Ihre Beförderung läuft ja auch schon«. Ich antwortete nur mit dem Wort »Trotzdem«.

An außerdienstlichen Abwechslungen erlebte ich nur kleine Einladungen und Theater. Bernard Shaw »Candida« sah ich mit Tante Elisabeth. Eine Dame, die in der Loge vorne saß neben Elisabeth, wollte mir unbedingt ihren Platz aufdrängen: »Sie sind doch sicher nur kurz auf Urlaub und wollen neben Ihrer *Frau Mutter* [im Original unterstrichen] sitzen!« Eine Aufführung von Grillparzers »Sappho« in Potsdam war ziemlich provinziell, wenn man ihr auch das Prädikat »fleißig« nicht vorenthalten darf. Mittwoch sah ich in Berlin nochmal »Clavigo«. Das war wieder ein Erlebnis und erscheint mir als das beste Stück des Winters. Ich hatte dazu vier Karten überraschend bekommen und telephonierte drei Damen dazu zusammen, darunter wieder meine mütterliche Tante.

Meine Hand macht jetzt stets merkliche Fortschritte. Dies bestätigt mir auch der Mann, der mich wöchentlich ein- bis zweimal elektrisch behandelt.

Ich schicke Papa auch ein Exemplar von dem Buch von Oberst Momm. Herzliche Grüße
Euer treuer Sohn
Roland

Oberst Momm war einer der Lehrgruppenkommandeure an der Krampnitzer Schule. Hößlin kannte ihn. Brillanter Reiter, hatte er vor dem Krieg die deutsche Springreiter-Equipe geführt und davon später in Memoiren berichtet. Momm wurde nach dem Attentat auf Hitler verhaftet, zum Soldaten degradiert und an die Ostfront geschickt, von wo er erst 1949, nach fünf Jahren Gefangenschaft, zurückkehrte. Warum? Weil er auf die Nachricht vom angeblichen Tod Hitlers am Abend des 20. Juli im Kasino von Krampnitz gerufen hatte: »Ordonnanz, Schampus!« Die Ordonnanz brachte den Champagner, aber denunzierte ihn auch bei der Gestapo. Nur sein internationaler Bekanntheitsgrad rettete den Obersten vor dem Volksgerichtshof.

Auch den kurzen Aufenthalt in Paris nutzt Hößlin zu einem Besuch im »Palais Garnier«, der großen Pariser Oper, wie er dem Großvater schreibt. Auch die nebenan liegende »Opéra Comique« läßt der Schauspielbesessene nicht aus. Und er läßt sich die französische Küche schmecken, die in den meisten Pariser Restaurants noch ohne jeden kriegsbedingten Abstrich von der Qualität zelebriert wird.

Aber auch durch den Brief an den Großvater weht etwas wie Resignation. Er hat genug von Theorien und sehnt sich nach Taten. Nach Taten an der Front, von der er weiß, daß sie von Tag zu Tag kürzer wird. Teilt er schon den Pessimismus seines Regimentskameraden im Allgemeinen Heeresamt? Denkt auch er an eine »Flucht an die Front«?

Lieber Großpapa!

Ein ganz unerwartetes Kommando hat mich wieder für 14 Tage in diese schöne Stadt geführt. Im Herbstkleid, wie ich sie letztes Jahr erlebte, hat sie sich allerdings noch wesentlich vorteilhafter gezeigt. Ein völlig ungeheiztes Hotel zum Beispiel wirkt auch abkühlend auf die Stimmung.

In der großen Oper sah ich einen ganz ausgezeichneten Ballettabend. Der Tanzmeister ist ein Russe alter Schule, der selbst noch ganz großartig über die Bretter springt. In der opéra comique hörte ich »Carmen«. Eine ziemlich durchschnittliche Aufführung, doch mit bildlich schönen Szenen. An dem Essen und Trinken, wie es hier die oberen Zehntausend und auch wir Angehörigen der Besatzungsmacht bekommen, kann man den Ernst des Krieges noch nicht ablesen.

Am 8. fahre ich wieder auf meine Schule nach Krampnitz. Mein Ziel für April/Mai ist eine Frontverwendung als Kommandeur einer Aufklärungsabteilung. Vorher werde ich wahrscheinlich noch eine Kur gebrauchen und im Urlaub ins Gebirge fahren. Von Worten und Theorien habe ich die Nase reichlich voll und sehne mich endlich wieder nach Taten.

Wie geht es Dir? Hat Dich Mama wieder nach Hause gebracht? In Filseck bei Ria mußt Du ja schöne Wochen verbracht haben.

Wenn ich im März wieder einmal nach dem Süden des Reiches fahre, hoffe ich, auf der Durchreise Dich in bester Gesundheit wiederzusehen. Herzlichen Gruß
Dein dankbarer Enkel
Roland

In der Verschwörung

Am 6. Februar 1944 kehrt Hößlin aus dem äußerlich so sorglo-
sen Paris in das kalte, rußgeschwärzte, weithin bereits in Ruinenfelder verwandelte und immer wieder bombardierte Berlin
zurück. Meldung in der Schule in Krampnitz. Auftrag erfüllt.
Was nun? Geht es weiter mit dem Schulbetrieb, der ihm zum
Halse heraushängt, oder kommt endlich die ersehnte Frontver-
setzung? Sein Arm ist nun endlich abgeheilt. Aber er wird nie
mehr voll funktionsfähig werden, er bleibt gelähmt, was, so ein
Zeitzeuge, der rechten Hand den Anblick einer Kralle gibt.
Hößlin hat sich daran gewöhnt und schreibt schon wieder ganz
flott damit.

Wenig später kommt die Versetzung. Eine Versetzung nach
Osten. Aber nicht zur Front, sondern nach Insterburg in Ostpreußen, ein Städtchen am Ufer der Angerapp mit Resten
einer Kreuzritterburg und einer schönen Lutherkirche aus
dem frühen 17. Jahrhundert, einer Garnison, gutem Theater
und vielen »Standesgenossen«, die ihren Besitz im umliegen-
den Kreis verwalten, soweit sie nicht an den Fronten Dienst
tun. Die Stadt heißt heute Tschernjachowsk und steht unter
sowjetischer Verwaltung. Aber damals, im Frühjahr 1944, waren die Russen noch weit, wenngleich sie von Tag zu Tag näher
kamen.

In Insterburg soll Hößlin eine neue Schule aufstellen, die
die Bezeichnung »Panzeraufklärungs-Ausbildungs-Abteilung
für Offiziersbewerber« tragen wird und aus der Panzeraufklä-
rungs-Ersatzabteilung 24 hervorgeht. Das ist eine reizvolle
und schwierige Aufgabe, die das ganze zupackende Organisa-
tionstalent des inzwischen 29jährigen erfordert. Den ersten
Brief aus dem neuen Tätigkeitsfeld haben wir vom 7. März. Er

geht an seine Schwester Luitgard, die er zärtlich geliebt haben muß und der er einige gute Ratschläge gibt für die – möglicherweise – bevorstehende Wahl eines Lebensgefährten. Charakteristisch für Hößlin ist die Erwartung, daß der Auserwählte den »Ansprüchen« des Kavallerieregiments 17 entsprechen möge. Hier spricht der ungebrochene Korpsgeist des Offiziers, der an künftige Friedensjahre in Bamberg denkt, wo er seinen Schwager ohne Bedenken seinen Freunden im Offizierskorps vorstellen können will.

Truppenübungsplatz Slobodka, 7. 3. 44

Liebe Luitgard!
Für Deine Geburtstagswünsche danke ich Dir vielmals und erwidere sie herzlich. [. . .]
Diesen Brief schreibe ich Dir von einem ehemals russischen Übungsplatz, auf dem ich heute den ganzen Tag und noch in der nächsten Nacht eine Kompanie aus der Abteilung, die ich jetzt allerdings auflöse, besichtige. Gestern fuhr ich in einem Zuge von Insterburg durch ganz Ostpreußen, Bialystok und durch den Urwald von Bialowils. Die Straßen sind hier unter deutscher Verwaltung so gut geworden, daß man meist zwischen 80–100 km Geschwindigkeit fahren kann. Während in Ostpreußen der Boden noch gefroren war, ist hier grauenhafter Matsch: Schlammperiode! Meine nassen, kalten Füße, mit denen ich auch jetzt im warmen Kasino sitze, prägen mir das nachhaltig ein.
Ich versuche, mir das Wesentliche aus Deinem Brief ins Gedächtnis zurückzurufen, um Dir auch antworten zu können.
Auf Deine Anfrage wegen Heiratsplänen meinerseits kann ich nur mit »Fehlanzeige« antworten. Daß Du dich auf dem Wege glaubst, freut mich, erfüllt mich gleichzeitig mit gespannter und ängstlicher Erwartung. So ähnlich etwa, wie wenn man einen neuen Vorgesetzten erwartet. Hoffentlich genügt er den Ansprüchen des Kavallerieregiment 17. Aber wenn es was Gutes ist, dann fang ihn Dir ein mit einem

nassen Handtuch, wie damals die jetzige Frau von Poschinger
ihre Verlobung poetisch charakterisierte.

Herzlichen Gruß und alles Gute für Dein neues Lebensjahr

wünscht

Dein treuer Bruder

Roland

Ganz so sorglos, wie er sich der Schwester gegenüber gibt, ist er
indes nicht mehr. In seinen Briefen kann er nicht alles mitteilen,
was in seinem Inneren vorgeht: die Sorge über die militärische
Lage, das sich abzeichnende große Unglück über Deutschland,
der um sich greifende Mangel und, vor allem, die wachsende
Abscheu vor denen, die Deutschland zu verderben im Begriff
sind.

Sein Freund Peter Sauerbruch war inzwischen, seinem eigenen, lang gehegten Wunsch entsprechend, I A und damit
erster Generalstabsoffizier der 4. Panzerdivision an der Ostfront
geworden. Damit war er für die Planung eines Staatsstreichs
gegen das NS-Regime ausgefallen. In seinen letzten Gesprächen
mit Stauffenberg in Berlin hatte er Hößlin erwähnt, der eventuell
für ein Mitmachen zu gewinnen wäre. Davon wird Stauffenberg
überzeugt gewesen sein, denn er hatte sich dem Regimentskameraden gegenüber ja schon vor seiner Versetzung nach Afrika ein
Jahr zuvor über seine Ansichten zum Regime eröffnet und reser-
vierte Zustimmung bei dem Jüngeren gefunden.

Sauerbruch konnte Stauffenberg nun berichten, Hößlin habe
ihm, Sauerbruch, vor einiger Zeit erklärt, er halte Hitler für ein
»Unglück für Deutschland«. Er habe sich entsetzt gezeigt über
die Verbrechen der braunen Machthaber, über die Korruption,
Verschwendung und Arroganz in der Partei – alles Erfahrungen,
die er in Berlin hatte sammeln können, in Gesprächen im Eden-
Hotel und in den Häusern, in denen er verkehrte. Dies wissen
wir von Sauerbruch selbst, der den Krieg und Gestapohaft
überlebte. Zu den Gefühlsausbrüchen dem Freund gegenüber
mag hinzugekommen sein, daß er immer verzweifelter war über
den Ausgang des Krieges. Denn was er von durchreisenden
Frontoffizieren in Krampnitz und Berlin erfahren hatte, war

gewiß nicht geeignet, seine Stimmung aufzuhellen. Inkompetenz der höchsten Führung, hohe Verluste, fehlender Nachschub und täglicher Geländeverlust – das war das niederschmetternde Bild, das sich der Ausbilder künftiger Frontoffiziere von der Lage machen mußte.

Während sich also bei Hößlin, wie bei vielen gleichgesinnten Offizierskameraden, der nagende Wandel der Einstellung zur Führung des Reiches vollzog, mit all den nächtlichen Gewissensqualen zwischen Eid, Treue, Pflicht, Vaterlandsliebe und Ethik, hatte der militärische Kopf der sich bildenden Verschwörung gegen Hitler, Stauffenberg, in Berlin seit Herbst 1943 mit der Organisation des Staatsstreichs begonnen. Für Stauffenberg war der unumstrittene Kopf der Verschwörung, der ehemalige Leipziger Oberbürgermeister Goerdeler, zu dieser Aufgabe nicht geeignet. Goerdeler war zu offen, zu umtriebig, er achtete der Gefahren nicht, die seine vielen Gespräche und Kontakte im Dunstkreis der »Oppositionellen« für die eigentliche Verschwörung mit sich brachten. Es bedurfte einer klaren, konspirativen, durchdachten und durchorganisierten Struktur des Staatsstreichs, und die konnte nur von einem Militär geschaffen werden, der generalstabsmäßig vorging und sich kraft seiner militärischen Dienststellung an einer Schaltstelle befand. Beides war in der Person des Stabschefs im Berliner Allgemeinen Heeresamt vereinigt.

Stauffenbergs Kontakt zu Goerdeler und den »Zivilisten« beschränkte sich auf das Notwendigste. Es galt, Überlappungen zu vermeiden, wo es um Stellenbesetzungen im Netz der Verschwörung ging. Was Stauffenberg brauchte, waren erfahrene, zuverlässige und verschwiegene Offiziere, die mit klaren Anweisungen zu versehen waren und Verlaß boten, diese zum richtigen Zeitpunkt auszuführen, ohne andere Personen ins Vertrauen zu ziehen. Diese Offiziere fand er vor allem im Freundes- und Kameradenkreis, und hier wieder besonders unter den Freunden aus dem alten Regiment, den 17er Reitern in Bamberg. So kam es, daß dieses Regiment aus Bayern neben dem preußischen Infanterieregiment 9 in Potsdam den höchsten Blutzoll unter den Opfern des Widerstandes zu zahlen hatte.

Stauffenberg beschränkte sich dabei nicht nur auf Offiziere der älteren Generation, wenngleich er diese zuerst angesprochen hat. Bei ihnen war das berufliche Ethos nach langen Dienstjahren, deren Beginn noch in der kaiserlichen Ära gelegen hatte, am stärksten entwickelt. Und dieses Ethos konnte sich nun, im fünften Kriegsjahr, nicht mehr mit alldem abfinden, was täglich an den Fronten und in der Heimat geschah. Konnte man tatenlos zusehen, wie Deutschland dem Abgrund entgegentrieb? Nacht um Nacht fiel eine deutsche Stadt in Schutt und Asche, ohne daß die Luftabwehr in der Lage gewesen wäre, dieses Unheil abzuwenden. Das hatte es im Ersten Weltkrieg, den sie alle mitgemacht hatten, nicht gegeben. Frauen und Kinder waren verschont geblieben. Jetzt fielen sie täglich zu Hunderten oder zu Tausenden. Der Ersatz für die Front wurde von Monat zu Monat jünger. Er wurde immer kürzer, und damit schlechter, ausgebildet. Entsprechend wuchsen die Verluste. Ein Millionenheer von Kriegsgefangenen, ein nicht minder großes von politischen Gefangenen aus allen besetzten Ländern, überflutete die Städte, verkam in den inzwischen unübersehbar gewordenen Lagern, leistete unmenschliche Fronarbeit in den Rüstungsfabriken. Das sah man, wenn man nicht bewußt die Augen verschloß. Das Regime entpuppte sich als zutiefst verbrecherisch und unfähig zugleich, die Lage zu meistern. Was aber würde eintreten, wenn diese Masse der Entrechteten die nahende Befreiung zum Aufstand nutzen und schreckliche Rache an den Unterdrückern üben würde? Wie konnte man verhindern, daß ein Chaos, tausendmal schlimmer als 1918, über Deutschland hereinbrechen würde?

So und ähnlich werden damals viele ältere Offiziere, die in der Heimat Dienst taten, gedacht haben. Sie alle waren vom Trauma des nur 26 Jahre zurückliegenden Zusammenbruchs des Kaiserreichs und des anschließenden Trubels der roten Revolution gekennzeichnet. Gewiß hatte Hitler geschworen, daß sich so etwas nie mehr wiederholen werde in der Geschichte Deutschlands, und er sollte letztlich damit recht behalten. Aber war er noch Herr der Lage, hatte Deutschland noch die Kraft, sich nach Abfall fast aller Bündnispartner allein gegen die ganze Welt zu stemmen, allein vor allem gegen die Weltmacht Amerika, die sich, nach erfolgreicher Landung im abgefallenen Italien, nun nach vollendetem Aufmarsch in England zum Todesstoß im Westen anschickte? Wohin man den Blick auch richtete, überall ergab sich die totale Aussichtslosigkeit, den Krieg noch zu gewinnen.

In den Siegerländern hat man dem deutschen militärischen Widerstand lange Zeit vorgeworfen, den Putsch gegen Hitler erst dann gewagt zu haben, als es klar wurde, daß der Krieg nicht mehr zu gewinnen war. Gewiß war der Wunsch, Niederlage und Chaos vom Vaterlande abzuwenden, bei vielen, die aktiv mitmachten, das Hauptmotiv ihres Handelns. Aber eben nur das Hauptmotiv. Wir verfügen über zahlreiche Zeugnisse der Opfer wie der Überlebenden, daß das Wissen um die Schmach, die über Deutschland gekommen war, über die Verbrechen, die im Namen der Mehrheit der Anständigen von einer kleinen Clique skrupelloser Verbrecher verübt wurden, eine gleichstarke Triebfeder für den Eidesbruch war. Denn war schon das täglich um sich greifende Verderben Deutschlands mit dem Ethos des Offiziers unvereinbar, so in noch größerem Maße die völlige Mißachtung der Menschenrechte, die sich für Sehende am Rande des allgemeinen Niedergangs vollzog.

Dies traf gewiß auch für die Generation, der Roland von Hößlin angehörte, zu. Sein bisheriger Lebensweg weist klar aus, daß er zu denen gehörte, die von Anfang an dem Nationalsozialismus skeptisch gegenüberstanden. Diese Skepsis hatte sich seit seinem Übertritt ins Heimatheer stetig verstärkt und nun in Abscheu gewandelt. Hößlin gehörte auch zu jenen Offizieren der alten Schule, die sich »als Mitglieder einer traditionellen Elite zu einer besonderen Verantwortung für das deutsche Volk berufen« fühlten. So hat es einer beschrieben, der sich mit dem Weg der jungen Generation in den Widerstand beschäftigte. Diese Verantwortung war bei Hößlin, dem Lehrer und Ausbilder angehender Offiziere, sogar besonders ausgeprägt. Das geht aus seinen Briefen hervor. Hinzu kam bei ihm das Selbstverständnis als Aristokrat, die traditionelle Verpflichtung, sich zur

Rettung des Vaterlands einzusetzen. Hier und nun war diese Verpflichtung unwiderstehlich in die Schranken gefordert. Das Vaterland war in Gefahr, von feindlichen Armeen von außen und von innen überrannt zu werden. Das deutsche Volk war in Gefahr, nicht nur physisch, sondern vor allem moralisch zugrunde zu gehen. Wie würde es vor dem Tribunal der Sieger, das ja schon einmal, vor 26 Jahren, über den Besiegten zu Gericht gesessen hatte, diesmal bestehen können, wenn zum Angriffskrieg als ungleich schwerer wiegender Anklagepunkt das ungeheure Verbrechen gegen die Menschlichkeit hinzukommen würde? Weder Hößlin noch seine Gesinnungsgenossen im Widerstand konnten damals das Nürnberger Tribunal vorausahnen. Daß es aber nach einem verlorenen Krieg zu einer Nemesis kommen werde, gegen die die Abrechnung von 1918 verblassen würde, das zumindest ahnten sie. Die Notwendigkeit, ja der moralische Zwang, das Regime zu stürzen, das dies alles zu verantworten hatte, eröffnete sich ihnen um so zwingender. Einer ihrer vornehmsten Vertreter, der Generalmajor Henning von Tresckow, hat diese innere Verpflichtung zur Tat nach dem Scheitern der Verschwörung am prägnantesten wiedergegeben. Kurz vor seinem Freitod in einem Wäldchen im Niemandsland der Ostfront sagte er zu einem Kameraden, von dem er sich verabschiedete: »Ich bin . . . der felsenfesten Überzeugung, daß wir recht gehandelt haben. Ich halte Hitler nicht nur für den Erzfeind Deutschlands, sondern auch für den Erzfeind der Welt. Was ich im Kampf gegen Hitler getan habe, glaube ich mit gutem Gewissen vor dem Richterstuhl Gottes vertreten zu können. Wenn einst Gott Abraham verheißen hat, er werde Sodom nicht verderben, wenn auch nur zehn Gerechte darin seien, so hoffe ich, daß Gott auch Deutschland um unseretwillen nicht vernichten wird. Niemand von uns kann über seinen Tod Klage führen. Wer in unseren Kreis getreten ist, der hat das Nessushemd angezogen. Der sittliche Wert eines Menschen beginnt erst dort, wo er bereit ist, für seine Überzeugung sein Leben hinzugeben.«

Lassen wir noch einen Vertreter der älteren Generation zu Wort kommen, den Generalobersten und vormaligen Generalstabschef Beck, der am Abend des 20. Juli in der Bendlerstraße zum Selbstmord gezwungen wurde. Beck handelte aus den Grundsätzen heraus, die er schon 1938 als Generalstabschef in einer Denkschrift an die Heeresgruppen-Chefs niedergelegt hatte, einer Denkschrift, die zu seiner Entlassung führte: »Die Geschichte wird die verantwortlichen Männer mit einer Blutschande belasten, wenn sie nicht alle erdenklichen Mittel anwenden, um einen Krieg zu verhindern. Der soldatische Gehorsam hat dort eine Grenze, wo Wissen, Gewissen und Verantwortung die Ausführung eines Befehls verbieten.« Und weiter: »Es ist ein Mangel an Größe, wenn ein Soldat an höchster Stelle seine Pflichten nur im Rahmen seiner militärischen Aufträge sieht, ohne sich der höchsten Verantwortung vor dem gesamten Volk bewußt zu werden.«

Beck hatte dies in großer Kühnheit geschrieben, weil er um die Angriffskriegsvorbereitungen seines obersten Kriegsherrn Hitler wußte. Ein Jahr später brach der Krieg aus. Im Taumel der großen ersten Siege mögen die, an die sich die Denkschrift richtete, die Mahnungen des Generalobersten in den Wind geschlagen haben. Später, als sich das Glück der Waffen wendete, werden sie sie unter dem Druck der täglichen Widrigkeiten verdrängt haben. Je mehr sie sich indes dem Abgrund näherten, desto mehr mag sich das Gewissen gemeldet und die Worte des einstigen Chefs, die ja nur bester preußischer Tradition entsprachen, ins Gedächtnis zurückgerufen haben. Dennoch waren es nur wenige, die sich abkehrten und, um mit Tresckow zu sprechen, bereit waren, das Nessushemd anzulegen.

Roland von Hößlin gehörte zu ihnen. Wie kam es, daß er in den Kreis der Auserwählten berufen wurde?

Stauffenberg, der Spiritus rector des Staatsstreichs, befaßte sich, wie gesagt, mit der militärischen Organisation des Umsturzplanes. Zu einem Umsturz braucht man eine Truppe. Diese konnte, nach Lage der Dinge, nur aus dem Ersatzheer hervorgehen, dessen Stabschef Stauffenberg im Frühjahr 1944 geworden war. Das Ergebnis seiner Überlegungen führte zu dem Befehl »Walküre«, der es meisterlich ermöglichte, Truppen des Ersatzheeres, vor allem Lehrtruppen in den Schulen, kurz-

100

fristig unter dem für die Nationalsozialisten unverdächtigen Vorwand zu mobilisieren, gegen »innere Unruhen« vorgehen zu müssen. Diese konnten verschiedener Natur sein: Landung feindlicher Luftlandetruppen, Aufruhr unter den »Fremdarbeitern«, Katastrophen, die zu Unruhe in der Bevölkerung führen könnten. Der Befehl war ein klassischer Einsatzbefehl auf Wehrkreis-(Korpskommando)-Ebene und bewirkte, daß in Schulen und Ersatztruppenteilen bestimmte Offiziere mit der Ausarbeitung eines Mob-Plans beauftragt wurden. Was keiner von ihnen wissen konnte, war, daß Mitglieder einer Verschwörung gegen den obersten Kriegsherrn im Offizierskorps sich dieses Befehls bedienen würden, um im Ernstfall über eine geeignete Putschtruppe zu verfügen und zwar sofort und an jedem Ort.

Beim Rundblick auf die Offiziere, deren er sich bedienen könnte, stieß nun Stauffenberg ganz natürlich auf Hößlin. Er wußte ja um dessen Einstellung zum Regime, von Sauerbruch hinlänglich darüber unterrichtet. Solange Hößlin als Taktiklehrer in Krampnitz wirkte, war er wenig interessant für Stauffenberg gewesen. Zwar dem Brennpunkt des Geschehens im Umfeld von Berlin nahe, aber sehr weit vom voraussichtlichen Ort des Attentats, dem Führerhauptquartier in Ostpreußen, entfernt, und jedes Kommandos über eine Truppe ledig. Jetzt aber, mit der Versetzung nach Insterburg und der dienstlichen Position eines Kommandeurs einer Kriegsschule mit Lehrtruppen, war Hößlin geradezu der ideale Partner des zentralen Putsch-Planers geworden. Zwar waren Zweifel an der Einstellung des Offiziersnachwuchses zum Regime angebracht, denn bei weitem nicht alle jungen Leute glaubten im Frühjahr 1944 bereits an ein fatales Ende des Krieges, und nicht wenige unter ihnen standen noch unter der Faszination des »Führers«, auf den hin sie in Schule und Hitlerjugend erzogen worden waren. Auch waren Ausrüstung und Bewaffnung der Lehrtruppe in der Insterburger Panzeraufklärungsschule bei weitem nicht mehr optimal (keine schweren Waffen, ausgediente Panzerspähwagen, holzgasgetriebene Lastwagen), um einem entschlossenen inneren Gegner, etwa in den SS-Kasernen, entgegentreten zu können. Aber ganz offensichtlich waren Hößlin und sein »Haufen« für Stauffenberg im Wehrkreis I (Ostpreußen) der einzig verfügbare Verband unter Führung eines zuverlässigen Mannes, den man nun ansprechen mußte.

Am 1. April 1944 kam es in Stauffenbergs Berliner Büro zu einem Gespräch zwischen den beiden Männern, das Sauerbruch noch vor seiner Abreise an die Front vermittelt hatte. Stauffenberg setzte dem acht Jahre jüngeren Kameraden in seiner suggestiven Art die verzweifelte Lage an der Front auseinander, ohne konkrete Umsturzpläne gegen Hitler zu erwähnen. Offenbar wollte er die Reaktion Hößlins auf diese Lagedarstellung ausloten. Vor der Gestapo stellte Hößlin den Verlauf des Gesprächs später so dar:

»An Hand von Zahlen stellte er (Stauffenberg) mir die ungünstige personelle Ersatzlage dar. Die Verluste seien erheblich höher als der Bedarf, der von der Heimat nachgeschoben werden könne. Die Stärke des Feldheeres vermindere sich monatlich um ein Armeekorps, das nicht ersetzt werden könne. Stauffenberg meinte, wir trieben auf einen militärischen Zusammenbruch hin.«

Was Hößlin da zu hören bekam, hat ihn außerordentlich beeindruckt. Zwar wußte er aus seinem eigenen Dienstbereich, daß die Ersatzlage, gerade bei jungen Offizieren, immer schwieriger wurde. Aber er konnte sich kein Bild machen vom Gesamtumfang der Verluste an der Front und der Schwierigkeit, diese auch nur einigermaßen wettzumachen. Die Perspektive des nahenden militärischen Zusammenbruchs war für den in taktischen und strategischen Dimensionen denkenden Offizier die einzig mögliche. Aber es kam noch dicker. In dem vertraulichen, von gegenseitigem Duzen gekennzeichneten Ton unter Aristokraten und Regimentskameraden, der ihre Dialoge bestimmte, schilderte Stauffenberg ihm nun die vermutlichen Folgen eines Zusammenbruchs. Wir fahren fort im Gestapo-Protokoll, das später zur Grundlage des Prozesses vor dem Volksgerichtshof gemacht wurde.

»Als Folge könnten in Deutschland chaotische Zustände einreißen wie 1918. Das Ersatzheer sei dann als einzige Macht in der Lage, die Ordnung aufrechtzuerhalten. Das Offizierscorps dürfte dann nicht wieder versagen und sich die Initiative aus der

Hand nehmen lassen wie 1918, sondern müsse aus eigener sittlicher Verantwortung heraus handeln.«

Aus eigener sittlicher Verantwortung heraus. Das Trauma von 1918, das Stauffenberg als 11jähriger Bub gespürt haben muß, wenn er den Gesprächen von Vater und Onkeln lauschte. Sich nicht wieder das Heft aus der Hand nehmen lassen wie damals, als Offiziere von der meuternden Soldateska erniedrigt, degradiert und öffentlich zur Schau gestellt, ja in die Flüsse geworfen wurden. Dem Volk sollte das erspart bleiben. Hößlin dazu wörtlich laut Protokoll der Gestapo:

»Ich muß in der Rückerinnerung sagen, daß dieser Appell an meine Offiziersehre mehr auf mich gewirkt hat als die Schilderung der militärischen Lage. Er hat mich tief beeindruckt.«

Wie aber das verhindern und dem Volk ersparen, anders als durch die Beseitigung des Regimes, das dies alles herbeigeführt hatte? Dies war die einzig mögliche Schlußfolgerung. Haben die beiden Freunde schon an jenem 1. April 1944 darüber gesprochen? Wir wissen es, wie gesagt, nicht. Erst einige Zeit später taucht in Zeugnissen der Zeitzeugen der Hinweis darauf auf. Demnach habe Stauffenberg Hößlin unmißverständlich klargemacht, daß Hitler »wegmüsse«. Stellte Stauffenberg ihm im Anschluß daran die Frage, ob er bereit sei, das Attentat auszuführen? Wir wissen es nicht. Sprachen sie über den Gewissenskonflikt zwischen Eid und Tyrannenmord, wie er in der umfangreichen Widerstandsliteratur immer wieder angesprochen wird? Kein Zeugnis gibt darüber Auskunft. Bei Stauffenberg dürfen wir annehmen, daß er den Rubikon schon zu lange überschritten hatte, um davon noch tangiert zu werden. Bei Roland von Hößlin sind wir uns nicht so sicher. Sein Naturell, seine Neigung zum Philosophischen, die plötzliche Erkenntnis dieser letzten und äußersten Möglichkeit, das Schicksal noch zu wenden, mögen ihn zum Nachdenken veranlaßt haben. Wir müssen aber annehmen, daß er sich von Stauffenbergs unsentimentaler und glasklarer Lagebeurteilung hat mitreißen lassen und seinem Freund das entscheidende »Ja« zum Mitmachen an diesem Tage gegeben hat. Er hatte das Nessushemd angezogen.

Wenige Tage später meldete sich bei Stauffenberg der ostpreußische Gutsbesitzer Heinrich Graf Lehndorff. Er trug die Uniform eines Reserveoffiziers des Heeres und war von Stauffenberg als Verbindungsoffizier des Oberkommandos des Heeres zum Wehrkreis I in Ostpreußen vorgesehen. Die beiden Männer sprachen über die Aufgaben, die auf Lehndorff bei einem Putsch warteten. Bei dieser Gelegenheit hat Stauffenberg sein Gegenüber zum ersten Mal auf Roland von Hößlin angesprochen, der ihm unter Umständen zur Verfügung stehen würde. Damit war Hößlin als feste Größe im Verschwörungsnetz bekannt gemacht und in den Mechanismus des Staatsstreichs eingebaut worden.

Von nun an mußte Hößlin höllisch auf der Hut sein. Seiner Familie gegenüber führte er ein Doppelleben. In seinen Briefen berichtete er weiter harmlos über Dienstliches und Gesellschaftliches. Aber jedesmal, wenn er nach Berlin mußte, traf er jetzt Stauffenberg, um Einzelheiten der Putschvorbereitungen zu besprechen. Dabei konkretisierte sich vieles. Es war von »Walküre« die Rede, von der Hößlin Kenntnis hatte. Davon, daß Hößlin möglicherweise mit seiner Truppe die Partei- und SS-Dienststellen im Wehrkreis I zu neutralisieren haben würde, und von wem er dazu Einzelheiten erfahren werde. Die Gespräche waren immer nur kurz und beschränkten sich auf das Notwendigste. Stauffenberg bekam ununterbrochen Besuch in seinem Office, und das fiel selbst seinem Vorgesetzten, Generaloberst Fromm, auf. Wir wissen das aus verschiedenen Gestapoberichten.

Zurück in Ostpreußen, nahm Hößlin seine brieflichen Berichte an die Eltern wieder auf. In einem Brief vom 30. Mai 1944 stoßen wir auf die Familie Eulenburg und ihren Besitz Prassen.

Oberleutnant Udo Graf Eulenburg war Hößlins Abteilungsadjutant in Insterburg. Er hatte an der Ostfront ein Bein verloren.

Insterburg, den 30. 5. 1944

Liebe Eltern!
Ich habe mir über Pfingsten eigens einen Block Briefpapier nach Prassen zu Eulenburgs genommen, um Euch einen ausführlichen Brief zu schreiben, kam aber leider nicht dazu.

Die Mutter, Rose,
geb. Rist

Der Vater, Hubert
von Hößlin

Roland (links) mit
seinen Geschwistern
Hartmut und
Luitgard, ca. 1924

Der Vater mit Söh-
nen Roland (links)
und Hartmut, 1938

Ausritt mit dem Vater während eines Urlaubs im Frühjahr 1942 in Wiesbaden, kurz vor dem Einsatz in Afrika

Rittmeister, 1942

In Afrika, Sommer 1942

Generalfeldmarschall Erwin Rommel als Befehlshaber des deutschen Afrikakorps in Libyen, Juli 1942

Links oben:
Nach Genesung von
der vor El Alamein
erlittenen Verwun-
dung 1943 in Berlin

Rechts:
Claus Schenk Graf
von Stauffenberg,
Hößlins Regiments-
kamerad, 1934 in
Bamberg

Links unten:
Nach dem Attentat
vom 20. Juli 1944
besichtigen Hitler
und Mussolini den
zerstörten Lagebe-
sprechungsraum im
Führerhauptquartier
»Wolfsschanze«

Hero

Roland von Hoesslin, at 30, commanded a division in the famed Afrika Korps. He lost part of his right hand, wore the Knights Cross of the Iron Cross. He had nothing but scorn for Freisler and told him so. He shouted his judges down in court

Vor dem Volksgerichtshof, 13. Oktober 1944. Ausriß aus einer nach Kriegsende erschienenen amerikanischen Soldatenzeitung, die Hößlin ihren Lesern als »Hero« (Held) vorstellt. Die Übersetzung der Bildunterschrift lautet: Roland von Hößlin kommandierte mit 30 eine Division des legendären Afrika-Korps. Er verlor einen Teil seiner rechten Hand, war Träger des Ritterkreuzes des Eisernen Kreuzes. Für Freisler hatte er nichts als Verachtung übrig und sagte es ihm offen. Er brüllte seine Richter im Gerichtshof nieder.

Das heißt, ich kann eher sagen Gott sei Dank, denn das Wetter war das erste Mal in diesem Jahr in Ostpreußen strahlend, sonnig und warm. Die beiden Pfingstfeiertage waren ausgefüllt mit Spaziergängen im herrlichen Mischwald und abendlichen Pirschfahrten. Nachmittags habe ich mich gerne nochmal aufs Ohr gelegt, denn der Dienst der letzten Wochen war doch sehr aufreibend. Aber ich muß sagen, es erfüllt einen mit innerer Genugtuung, zu sehen, daß die vermehrte Arbeit eine größere tatsächliche Leistung hervorbringt, und außerdem auf eigenen selbständigen Entschluß um 5.00 Uhr früh aufzustehen.

Das Paket mit dem angekündigten Brief von Papa habe ich noch nicht bekommen. Ich werde die Schuhe wahrscheinlich in die Spinnstoffsammlung geben, wo mein roter Rock auch schon gelandet ist. Er wurde im Insterburger Tageblatt besonders erwähnt. Daß Euer Umzug nach München so wohl gelungen ist, freut mich sehr. Ich werde bestimmt auch acht Tage des Urlaubs bei Euch verbringen. Da mein nächstes Ziel die Besichtigung am 12. und 13. Juni ist, mache ich zunächst keine weiteren Pläne. Ich denke, acht Tage zu Euch und acht Tage nach Schloß Wolfsgarten zu fahren. Als Zeitpunkt hierfür bleibt mir vielleicht Anfang Juli oder September. Ende Juli fährt nämlich der Adjutant auf Urlaub, im August sind wir auf dem Truppenübungsplatz Slobodka. Ich hoffe, die Lage erlaubt bis dahin noch, den Platz zu benutzen.

Habe ich Euch eigentlich schon geschrieben, daß ich wieder einen Hund habe? Einen Chow-Chow. Acht Monate alt, bereits stubenrein, von mir etwas dressiert. Er ist ein sehr liebenswürdiger Hund, ich muß ihn nur diese Woche operieren lassen, da er von Geburt aus sein eines Auge nicht ganz aufbringt. Herzliche Grüße
Euer treuer Sohn
Roland

Immerhin macht Hößlin eine Bemerkung zur Lage, aus der man ihm einen Strick hätte drehen können. Ob der auf polnischem Gebiet gelegene Truppenübungsplatz Slobodka »bis dahin« (im

August) noch zu benutzen wäre, ist ein klarer Hinweis auf den rapiden Geländeverlust an der Ostfront.

Hößlin war zu diesem Zeitpunkt bemüht, Offiziere seiner Abteilung, die er für vertrauenswürdig hielt, zur Lage an der Front zu befragen und aus ihrer Reaktion Schlüsse auf eine eventuelle Verwendung in der Umsturzplanung zu ziehen. Dies tat er vermutlich mit Einwilligung Stauffenbergs. Einer dieser Offiziere war sein Adjutant Udo zu Eulenburg. »Eines Morgens, bei meinem routinemäßigen Lagebericht in seinem Büro, zog er mich vor die riesige Wandkarte hinter seinem Tisch, auf der in rot und blau der Frontverlauf eingezeichnet war, und fragte mich: ›Was sagen Sie dazu, Eulenburg, das sieht doch nicht gut aus?‹ Ich stimmte ihm zu. Und dann kam völlig unvermittelt die Frage: ›Was würde nach Ihrer Meinung passieren, wenn Hitler tot wäre?‹ Etwas verblüfft antwortete ich, nachdem ich mir alle möglichen Szenarien eines Todes Hitlers, aber gewiß nicht das eines Attentats, durch den Kopf hatte gehen lassen: ›Also, es gäbe einen Bürgerkrieg zwischen Wehrmacht und SS, und die lachenden Sieger wären die anderen.‹ Hößlin mußte meiner Antwort entnommen haben, daß ich einem Attentatsplan nicht zugestimmt hätte, denn er brach das Gespräch ab und kam nie wieder darauf zurück.« (Eulenburg zum Autor am 13. 9. 90).

Ein anderer Offizier, den er während einer Fahrt zu einem Schießplatz im Auto auf ähnliche Weise ansprach, war Oberleutnant Hubertus Schulz, welchen er mit der Führung einer Inspektion (Ausbildungskompanie) betraut hatte. Schulz erklärte sich bereit, an einem Umsturzversuch in irgendeiner Form teilzunehmen, und er machte offenbar auf Hößlin einen genügend zuverlässigen Eindruck, daß er ihn wenig später in Berlin auch Stauffenberg vorstellte.

Den Widerständlern mangelte es damals an präzisen Informationen aus dem Führerhauptquartier über den möglichen Widerstand, der einer Putschtruppe entgegengesetzt werden könnte. Stauffenberg und Hößlin strebten daher an, Oberleutnant Schulz in das sogenannte Führerbegleitbataillon versetzen zu lassen, einen dem Kradschützenbataillon ähnlichen Verband, der den Oberbefehlshaber auf seinen Reisen zur Front zu begleiten hatte und mit dem Schutz des Hauptquartiers »Wolfsschanze« betraut war. Zu der Versetzung aber ist es nicht mehr gekommen.

Es war nicht einfach für den Abteilungskommandeur, sich der Zuverlässigkeit seiner Offiziere zu versichern. Von einem von ihnen wußte er, daß er das goldene Abzeichen der Hitlerjugend verliehen bekommen hatte. Ein anderer machte nie aus seinen Sympathien für das System einen Hehl. Bei einem dritten hätte das »Sondierungsgespräch« fatal ausgehen können. Es handelte sich um Leutnant Neufeld, der ein Jahr zuvor als Oberfeldwebel an der Ostfront das Ritterkreuz erworben hatte. Auf den Hinweis des Kommandeurs, daß Hitler »gestürzt« werden müsse, verwies der Angesprochene erschreckt auf den Eid, den er dem »Führer« geschworen habe. Einem Kameraden gegenüber hat Neufeld später von seinem »schweren Gewissenskonflikt« gesprochen, und daß er seinen Vorgesetzten »beinahe angezeigt« hätte.

Neufelds innerer Konflikt kann nur aus dem Gewissensterror erklärt werden, den das Regime auf jeden Deutschen unablässig ausübte. Es wimmelte von Durchhalteparolen, von Appellen an die Treue zum Führer, von schaurigen Warnungen an potentielle Verräter. Wenn wir bedenken, daß die Rachejustiz der Nationalsozialisten nach dem 20. Juli rücksichtslos auch jene erfaßte, die von Attentats- oder Umsturzplänen gehört und diese nicht gemeldet hatten, so können wir die Gefährlichkeit des Umfelds ermessen, in dem Hößlin sich bewegen mußte.

Von Graf Eulenburg wissen wir, daß er selbst gezittert hat. Die Gestapo verhörte nach Hößlins Festnahme Offiziere seiner Abteilung nach möglichen Kenntnissen des ehemaligen Adjutanten (Eulenburg war inzwischen an eine andere Schule versetzt worden) von Attentatsplänen seines Kommandeurs. Aber niemand verpfiff ihn.

Nur einer aus seiner Abteilung also, der schon erwähnte Oberleutnant Schulz, hatte sich spontan und rückhaltlos zur Verfügung gestellt. In einem schriftlichen Zeugnis des vom Krieg verschont Gebliebenen aus dem Jahre 1987 schildert

Schulz den Verlauf des entscheidenden Gesprächs während einer Dienstfahrt im Pkw zu einem Truppenübungsplatz folgendermaßen:

»Es bestand also die Möglichkeit, sich ungezwungen zu unterhalten, ohne befürchten zu müssen, daß der Fahrer mithört.

Sehr bald lenkte Hößlin das Gespräch auf die hoffnungslose militärische Lage, über die er offenbar durch engen Kontakt mit dem OKH sehr gut informiert war. Meine Gespräche bei der 24. Pz.Div. waren ebenfalls nicht geeignet, die aktuelle Situation in einem günstigeren Licht zu sehen. Es blieb aber nicht bei der Erörterung der aussichtslosen militärischen Situation. Hößlin äußerte im weiteren Verlauf der Unterhaltung unverblümt seine ablehnende Haltung gegenüber dem Nazi-Regime und belegte dies auch mit interner Kenntnis über Greueltaten der SS und der Gestapo.

Verständlicherweise war ich überrascht, mit welcher Offenheit sich Hößlin mir gegenüber verhielt – kannten wir uns doch erst knappe 24 Stunden! Seine Äußerungen fanden jedoch bei mir offene Ohren, denn ich war durch mein Elternhaus geprägt, in dem aus der Ablehnung des Nazi-Regimes nie ein Hehl gemacht worden ist. So war es nur folgerichtig, daß ich eine Bemerkung machte, deren Tragweite ich allerdings nicht erwartet hatte. Der sich ergebende Dialog hatte etwa folgenden Wortlaut:

Sch.:   Herr Major, wir unterhalten uns jetzt seit 3 Stunden über die hoffnungslose militärische Lage und vor allem über das verbrecherische Regime, das uns dies alles eingebrockt hat. Die Diskussion hat ergeben, daß wir in der Beurteilung der Situation völlig einig sind. Und es gibt viele, die genauso denken wie wir.

Warum findet sich niemand, der bereit ist, daraus die Konsequenz zu ziehen?

v. H.:   Wären Sie denn bereit, die Konsequenz zu ziehen?

Sch.:   Ich glaube, ja. Allerdings unter der Voraussetzung, daß eine durchdachte Planung vorliegt, die Aussicht auf Erfolg hat. Vor allem erfordert aber eine solche Aktion eine integere Persönlichkeit mit unbestrittenen Führungseigenschaften.

v. H.: Ich werde Sie im Verlauf unserer Reise in Berlin mit einer Persönlichkeit bekannt machen, von der Sie überzeugt sein werden, daß sie in jeder Hinsicht den Vorstellungen entspricht, die Sie genannt haben.

Mit diesem Wortwechsel war das Thema abgeschlossen. Man unterhielt sich für den Rest der Fahrt gelöst über Gott und die Welt, aber kein Wort mehr über Krieg und Politik.«

Ein Brief an die Eltern von Anfang Juni zeigt uns, daß Roland von Hößlin neben seiner nervenzehrenden Untergrundarbeit auch ganz andere Prüfungen zu bestehen hatte. Auch die alte Versuchung, wieder Frontdienst tun zu können, ist zu diesem Zeitpunkt an ihn herangetragen worden durch seinen Vetter Konrad von Woellwarth. Aber auch dieses Mal legt das Personalamt sein Veto ein. Die Nornen hatten das Schicksalsgewebe um ihn zu spinnen begonnen.

Insterburg, 6. Juni 44

Liebe Eltern!

Die Post von München hierher scheint noch wesentlich länger zu dauern als von Wiesbaden. Von meiner hiesigen Tätigkeit kann ich nur sagen, daß sie so arbeitsreich wie bisher noch keine in meinem Leben, dabei aber nicht immer erfreulich ist. Schwere Sorgen bereiteten mir Freitag zwei tödliche Unfälle, die innerhalb von 24 Stunden in einer Einheit passierten. Ein Offizierbewerber sprang bei einem Gefechtsspähtrupp ohne Befehl in die Angerapp und starb durch Herzschlag. Noch in derselben Nacht sprang ein Offizierbewerber einen anderen bei einer Spähtruppaufgabe an und wollte ihm das Gewehr entreißen. Ein Platzpatronenschuß löste sich und traf den Angreifer ins Herz. Gestern stand ich auf unserem Soldatenfriedhof vor zwei Särgen und mußte zwei Elternpaare trösten. In keinem Falle konnte ich irgendeine Schuld ermitteln. Mein Vorgesetzter in Eisenach, ein übernervöser kommissiger Pinsel, wird kopfstehen.

Letzten Samstag schien es, als sollte mein Lebensweg wieder einmal eine ganz andere Wendung nehmen. Von Woellwarth hörte ich, General von Manteuffel habe mich als Kommandeur der Aufklärungsabteilung Großdeutschland angefordert. Ich war darüber sehr erstaunt, denn da ich ihn so daneben schätze, nahm ich das auch von ihm aus an. Anscheinend gefiel ihm mein großes Interesse anläßlich meiner Frontreise, und er hoffte, in mir einen willigen Diener seiner Eitelkeit zu finden. »Der hinterfotzigste Offizier, den ich kenne«, sagt Graf Stauffenberg. Mir ist in seiner Gegenwart stets beklommen zumute. Trotzdem, für die Aufklärungsabteilung der besten Division des Heeres hätte ich auch den Kommandeur in Kauf genommen.

Das Personalamt hat mich nicht freigegeben. Damit haben sich weitere Auseinandersetzungen mit meinen widerstreitenden Gefühlen erübrigt.   Herzlichen Gruß

Roland

Kurz vor Abfassen dieses Briefes war Hößlin wieder einmal mit dem Nachtschnellzug von Lötzen nach Berlin gefahren, um sich, wie stets, mit Stauffenberg zu treffen. Dieser nannte ihm nun seinen Kontaktmann in Ostpreußen: Oberstleutnant i. G. Hans-Otto Erdmann, I A im stellvertretenden Generalkommando Wehrkreis I. Ihm, so wurde er unterrichtet, würde er im »Walküre«-Fall unterstellt werden. Die Anweisungen an Hößlin waren folgende: Bei Alarmierung sollte die Abteilung Hößlin mit Stab, einer Panzerspähkompanie und einer auf Lastwagen aufgesessenen Schützenkompanie von Insterburg nach Königsberg rücken und dort »die Gauleitung, die Regierung, die öffentlichen Gebäude und das Telegraphenamt besetzen und jede Gegenwehr niederhalten«. Zur Verstärkung sollte ihm eine Kompanie des Panzergrenadierbataillons 413, das in Insterburg lag, unterstellt werden. Hößlin hatte, wie er später der Gestapo gegenüber angab, die Dauer des Marsches bis Königsberg mit etwa sechs Stunden berechnet, da er mit seinen Holzgas-Last-

110

wagen nicht schneller als 40 km/h marschieren konnte. Eine verzweifelt lange Zeit für eine Putschtruppe, auf die ein gewiß besser ausgerüsteter Gegner warten mochte. Erdmann, der ihm diesen Befehl erteilte, mag dem erfahrenen Führer von gepanzerten Verbänden darin zugestimmt haben. Auch er zählt zu den Opfern des Umsturzversuchs.

Kurz darauf machte Hößlin einen Besuch beim Generalinspekteur der Panzertruppen, Generaloberst Guderian, dessen Dienststelle sich im Oberkommando des Heeres im »Mauerwald« in Ostpreußen befand. Dort tat auch Vetter Konrad Woellwarth Dienst. Beide hatten sich inzwischen wiederholt getroffen. Diesmal aber schien es Woellwarth, als habe Hößlin etwas Besonderes auf dem Herzen. Er, der sonst so frei heraus redete, schien nicht recht zur Sache kommen zu wollen, als bedrücke ihn etwas. Als es klopfte und ein Dritter hereinkam, verabschiedete sich Hößlin auffallend schnell. Bis heute fragt sich Woellwarth, ob sein Vetter ihn damals zum Mitmachen auffordern wollte.

All dies blieb den Eltern im fernen München verborgen. Sie warteten, wie Millionen anderer, auf die Briefe ihrer Söhne, von denen einer an der Front im Osten stand, freuten sich, wenn Nachricht kam, und verfolgten mit wachsender Bedrückung in den »Wehrmachtsberichten«, deren Phraseologie das unaufhörliche Zurücknehmen der Front nur noch mühsam verschleiern konnte, das Näherkommen des Endes.

Am Morgen des 6. Juni 1944 hatte die seit langem erwartete Landung der Amerikaner und Engländer im Westen begonnen. Zwei Tage später erwähnt Roland in einem Brief an die Eltern die »Invasion« nur beiläufig. Wie alle Lehroffiziere, bedrückt ihn eine angekündigte Besichtigung des Generalinspekteurs mehr. Ungebrochen bleibt seine Freude am Theater und am Organisieren von Gesellschaftsabenden. Er sieht blendend aus, achtet peinlich auf sein fleckenreines Äußeres und plaudert angeregt mit den jungen Damen aus der ostpreußischen Aristokratie, deren Bekanntschaft er rasch gemacht hat. Wieder erwähnt er seinen Regimentskameraden Stauffenberg.

Liebe Eltern!

Am gleichen Tage bekam ich einen Brief von Mama aus Bad Gastein und von Papa aus München. Für beide vielen Dank.

Vom Tod von Oswald hörte ich schon neulich in Berlin. Ich war dort bei meinem letzten Aufenthalt auch mit dem Bruder von Tante Irmgard, dem Hauptmann d. R. von Schwerin, zusammen.

Wann seid Ihr wieder in München? Ich möchte doch gerne Ende Juni, Anfang Juli einmal acht Tage auf Urlaub kommen.

Es ist zwar widersinnig, aber tatsächlich doch so, daß für mein hiesiges Leben eine Besichtigung viel einschneidender und wichtiger ist als zum Beispiel die Invasion. Obwohl ich glaube, daß diese für den Ausgang des Krieges entscheidend sein wird. Gestern abend hatte mir hierzu Woellwarth Generaloberst Guderian angekündigt, heute aber Gott sei Dank wieder abgesagt.

Nächsten Mittwoch veranstalte ich in der größten Halle Insterburgs eine Goethefeier mit Kräften des Königsberger Theaters. Ich habe dazu etwa 80 Gäste geladen. Die Spitzen von Partei und Wehrmacht aus Insterburg, Regimentskameraden aus dem Hauptquartier, Herren vom Stabe vom Generalinspekteur der Panzertruppen und dazu ostpreußischen Adel.

Ich bin sehr gespannt, ob Papa nun eine andere Verwendung bekommen wird. Graf Stauffenberg muß in diesen Tagen Chef des Stabes bei Generaloberst Fromm werden.

Herzliche Grüße
Euer treuer Sohn
Roland

Rolands Vater, Generalmajor Hubert von Hößlin, erhielt nach einer längeren Kur keine neue Verwendung mehr, sondern wurde zum 31. Dezember 1944 verabschiedet. Stauffenberg wurde am 1. Juli 1944, 20 Tage vor dem Attentat, Chef des Stabes bei Generaloberst Fromm, dem Befehlshaber des Ersatzheeres. Damit verbunden war seine Beförderung zum Oberst i. G. Von dieser neuen Stellung aus konnte er nun die Fäden zu den einzelnen Elementen der Putschplanung noch energischer in die Hand nehmen.

Nun also war das geschehen, was alle deutschen Militärs von jeher als das Schlimmste angesehen hatten: der Zweifrontenkrieg in West und Ost. Auch wer die Augen bisher noch vor den Realitäten verschlossen hatte, mußte nun einsehen, daß der Krieg nicht mehr zu gewinnen war. Acht Tage nach der Landung in der Normandie stand fest, daß der Gegner nicht wieder ins Meer zurückgeworfen werden konnte. Die gigantische, von weit überlegenen Luftflotten unterstützte englisch-amerikanische Koalitionsarmee unter US-General Eisenhower trat nach dem Durchbruch bei Avranches im Juli ihren Siegeszug durch Frankreich an. Das Ende mußte nun in Monaten, wenn nicht Wochen, kommen.

Für die Widerstandskämpfer um Stauffenberg und Goerdeler galt es nun, coûte que coûte zu handeln. Mit dem Erfolg der Invasion hatten sich auch ihre Hoffnungen, mit den Westalliierten über ihre zahlreichen Kontakte in der Schweiz und in Schweden zu einem Arrangement zu kommen, zerschlagen. Nun war klar, daß die siegreichen Feldherren in West und Ost nur noch die totale Kapitulation der Deutschen Wehrmacht anstreben würden, mit der unabwendbaren politischen Folge der Besetzung des gesamten Reichsgebiets und des Endes einer deutschen Regierung. Es war kein Wilson in Sicht, der sich noch zur Annahme eines Friedensangebots, wie 1918, bereiterklärt hätte. Kein neutraler Vermittler, der den Mut zu einer Sondierung in Berlin gehabt hätte. Die Verbindung mit der zivilisierten Welt war endgültig abgebrochen. Worum es nun mehr denn je zuvor ging, war der verzweifelte Versuch zur Rettung der Ehre des deutschen Namens.

Stauffenberg und Hößlin müssen sich dies in ihren letzten Gesprächen in Berlin zwingend vor Augen gehalten haben. Worauf sie militärisch hoffen konnten, war, daß die Amerikaner und Briten vor den Russen in Berlin sein würden. Würde das Monster in seiner Wolfsschanze vorher beseitigt, könnte es noch eine ganz schmale Chance zu einem Verhandlungsfrieden mit den Westmächten geben. Was aber auch sie unterschätzten, war die Festigkeit des Kriegsbündnisses zwischen Stalin, Roosevelt und Churchill, und diese Festigkeit schloß einen Separatfrieden aus. Auf jeden Fall aber mußte jetzt gehandelt werden. Und Stauffenberg drängte nun gewaltig zur Eile.

Inmitten der äußersten Anspannung dieser Tage beschreibt Roland seinen Eltern seinen Dienstbetrieb als Kommandeur einer Ausbildungseinheit. Der am Schluß des Briefes erwähnte Oberst Graf Marogna-Redwitz war ebenfalls aus dem Reiterregiment 17 in Bamberg hervorgegangen und kannte Hößlin aus Friedenszeiten.

Insterburg, 17. 6.

Liebe Eltern!

Papas Brief vom 11. mit Dank erhalten. Meine derzeitige Tageseinteilung läßt mir kaum Zeit zum Nachdenken über mich selbst. Als Beispiel der Verlauf des Freitag/Samstag: 5.00 Uhr Schießen 2. Inspektion, 8.00 Uhr Gefechtsausbildung aller Inspektionen, 15.00 Uhr Reiten, 19.00–21.00 Uhr Kasinoabend mit Offizierbewerbern, 21.00–23.00 Dämmerungsschießen 1. Inspektion, 1.00–4.00 Uhr Nachtübung 1. Inspektion, 4.00–8.00 Uhr Schießen 1. Inspektion. Arbeit macht jedoch bedeutend mehr Spaß, wenn man sie ganz aus eigenem Antrieb auf eigenem Grund und Boden tut. Weniger erquicklich sind die dazwischenliegenden Bürostunden, wenn man in ihnen leeres Stroh dreschen muß. Die Besichtigung Anfang letzter Woche ist 2–3 verlaufen. Ich bin ganz zufrieden angesichts des Neuaufbaus meiner Truppe.

Goethe-Abend am Mittwoch mit vielen glanzvollen adeligen Namen aus ganz Ostpreußen von jedoch unterschiedlicher Güte. Woellwarth mit Herren seines Stabes ebenfalls anwesend. Die Veranstaltung trug mir eine Einladung zur Gräfin Klinkowström-Wandlacken zwischen Gerdauen und Nordenberg ein. Dort treffe ich morgen auch Woellwarth.

Heute besuchte mich Graf Marogna. Er ist z.b.V. bei Olbricht und zur Zeit in einem Sonderauftrag auf Dienstreise. Ich glaube, ich war vielleicht anfangs zu reserviert.

Herzlichen Gruß
Euer treuer Sohn
Roland

114

Der »Sonderauftrag« des Grafen aus Bayern ist leicht ersichtlich. Was Hößlin vermutlich damals noch nicht wußte: auch Marogna gehörte, wie sein Vorgesetzter General d. Inf. Olbricht, zum engsten Kreis des Widerstandes. Beide waren zu jenem Zeitpunkt aktiv in die Vorbereitungen des Umsturzes eingeschaltet. Beide verloren nach dem 20. Juli ihr Leben, Olbricht noch in der Nacht nach dem Attentat im Hof der Berliner Bendlerstraße, wo er mit Stauffenberg und zwei anderen Offizieren zusammen erschossen wurde. Ob Marogna mit Hößlin über den Putsch sprach, ist nicht überliefert. Die Erwähnung seines Namens im Brief an die Eltern hätte der Gestapo immerhin wertvolle Hinweise liefern können.

Mit ungebrochener Schreibfreude und Pünktlichkeit berichtet Hößlin seinen Eltern von seinem Tun. Es ist viel Gesellschaftliches in seinen Briefen, und es mag verblüffen, wie heiter und kunstbeflissen man, bei Ostwind schon beinahe unter dem Kanonendonner, seinen Vergnügungen nachging. Mit »Tanz auf dem Vulkan« ist dies nur sehr oberflächlich beschrieben. Die Menschen wußten, was ihnen bevorstand. Aber sie hätten es als schändlich empfunden, Haus und Hof auch nur einen Tag zu früh zu verlassen oder Trübsal zu blasen. Man ignorierte die Bedrohung und ging seinen Pflichten nach, auch den gesellschaftlichen.

Insterburg, den 26. 6. 1944

Liebe Eltern!
Die Post von Gastein bis nach Ostpreußen dauert solange wie von Afrika nach Wiesbaden. Ich muß mich wieder daran gewöhnen, immer erst auf den vorletzten Brief Antwort zu bekommen.

Am Freitagnachmittag bekam ich von General von Hauenschild eine fernmündliche Antwort auf meinen Brief, der eine Unterredung mit General Cramer vorausgegangen war. Er sagte mir, er sei mit dem Inhalt meines Briefes einverstanden gewesen und habe mein Verhalten korrekt gefunden. Mitte letzter Woche hielt ein Studienrat mit psychologischen Ambitionen hier einen Vortrag vor der Schule über das hochtra-

115

bende Thema: »Erfassung von Charakter und Persönlichkeit«: Er zeichnete sich durch Anhäufung von trockenem Material und Gelehrteneitelkeit aus. Ende dieser Woche habe ich einen Universitätsprofessor verpflichtet, der über »Krisen in der Weltgeschichte« sprechen will, und habe dazu viele Gäste aus Insterburg eingeladen. Durch einen besonders glücklichen Umstand steht mir zur Zeit ein ehemaliger Heerespsychologe zur Verfügung. Er macht mir Gutachten über Offizierbewerber, die wir nicht für geeignet halten, und schult uns in der Psychologie in Vorträgen und durch die tägliche Unterhaltung.

Mit diesem Herrn war ich diesen Sonntag wieder bei Eulenburg in Prassen. Dort konnten wir gleich zusammen ein psychologisches Phänomen prüfen. Ein alter Kutscher, der mit der Wünschelrute schon viele Brunnen der ganzen Umgebung gefunden hat, und der mit der Wünschelrute anhand von Photographien aussagen kann, ob ein Mensch lebt oder tot ist. An mich ging er auch mit der Wünschelrute heran und konnte mir genau sagen, wo die Wunden an meinem Arm sind und welche meiner Finger besonders schlecht sind, obwohl ich Mantel und Handschuhe anhatte.

Er ist nicht, wie man denkt, ein sehr feinnerviger empfindsamer Mensch, sondern kernig, robust und bauernschlau. Am auffallendsten seine große Konzentrationskraft. Ich konzentriere mich, sagte er. Seine Fähigkeit, über Tod und Leben eines Menschen etwas auszusagen, wurde schon durch mehrere Beispiele bestätigt. Im Zusammenhang mit den Schicksalen von Stalingrad ist er zur Zeit ein sehr viel beschäftigter Mann.

Am Sonntagnachmittag war in der Dorfkirche in Prassen eine musikalische Feierstunde. Die Gräfin Eulenburg hatte einen Konzertsänger und einen Orgelkünstler verpflichtet. Der erstere war damals bei meiner musikalischen Veranstaltung in Insterburg schon der größte Treffer gewesen. Die Veranstaltung war auch diesmal ganz wunderschön.

Von meinen Offizierbewerbern schicke ich jetzt jeden Sonntag so 30 Mann an die Samlandküste oder zum Tannen-

berg-Denkmal. Ich hoffe, daß das die Dienstfreudigkeit etwas
hebt und für den fehlenden Urlaub entschädigt.

Herzliche Grüße
Euer treuer Sohn
Roland

Der Tag des großen Versuchs rückt näher. Hößlin weiß nichts von
dem, was in Stauffenbergs Büro in Berlin vorgeht, nichts von den
jetzt hektischen Vorbereitungen des Attentats, nachdem inzwischen einige zum engeren Kreis gehörende Männer verhaftet
worden sind. Verrat unter Tortur ist nicht auszuschließen. Alles
kann im letzten Moment auffliegen.

Am 30. Juni und am 8. Juli teilt Hößlin seinen Eltern mit, daß
er, nach einer gut verlaufenen Besichtigung der Abteilung durch
den Kommandeur der Schulen für Panzertruppen, von Hauenschild, zu einer Kommandeursbesprechung nach Berlin beor-
dert worden ist. Am 12. Juli meldet er sich schon wieder aus
Insterburg. Es ist ein langer Brief, der dramatisch die Stimmung
der damaligen Tage wiedergibt. Die Sorge, zunächst um den
Bruder an der zusammenbrechenden Ostfront, oder vielmehr
der rührende Versuch, diese bei den Eltern zu zerstreuen, seine
Verachtung für die zunehmende Verflachung des Schulbetriebs
und das immer dürftiger werdende höhere Ausbildungsperso-
nal, die Einsamkeit des durch Berlin streunenden Offiziers, der
sich schließlich an Schillers »Räubern« und ihrem Aufruhr
gegen die Obrigkeit aufrichtet, auch wenn ihm die Aufführung
nicht gefällt, und schließlich, nach einer nüchternen Beurteilung der Stimmungslage in Ostpreußen, der erste Hinweis auf
eine Verlegung zurück ins Reich. Sie muß ihm, gerade im
Hinblick auf seinen eigentlichen, geheimen Mob-Befehl, sehr
zu denken gegeben haben.

Insterburg, den 12. 7. 1944

Liebe Eltern!
Nachdem Mama mir schrieb, sie sei Mitte Juli wieder in
München, richte ich auch dorthin meinen Brief.
Ich glaube, daß man um Hartmut zur Zeit keine große

117

Sorge haben braucht, denn auf seinem Flügel ist doch alles planmäßig vor sich gegangen. Die einzige Gefahr ist die, daß er zur Abdämmung der großen Überschwemmung gegen den großen Strom beiderseits Minsk hineingeworfen wurde, was ich jedoch nicht für wahrscheinlich halte.

Die Tätigkeit von Irmgard in Thüringen muß ja sehr befriedigend sein. Daß ich in Urlaub komme, ist bei der derzeitigen Lage und bei der allgemeinen Urlaubssperre überhaupt nicht in Erwägung zu ziehen.

In den ersten Tagen des Monats besichtigte mich, wie bereits berichtet, General von Hauenschild. Die 2 ½ Tage, die er bei mir verbrachte, verliefen ungetrübt harmonisch. Sein gespendetes Lob ist ein guter Start für die Abteilung. Mit General von Hauenschild zusammen fuhr ich zu einer Tagung der Kommandeure der Führernachwuchsschulen nach Potsdam, am 6., 7. und 7. 7. Der Inhalt der drei Tage: eintöniger formaler Infanterismus, langweilig und ermüdend. Nur kleine Gesichtspunkte. Meiner Kollegen bei den anderen Waffen kann ich mich leider nur schämen. Nach meinem Urteil sind es zu 50 % Blindgänger. Ein Oberst, dessen Name ich vergessen habe, sprach mich an; er war IIa bei Papa in Wiesbaden, jetzt Kommandeur einer Heeresunteroffizierschule. Am schlimmsten finde ich Generalstypen, die es in meinem Geschäft gibt, die sogenannten Divisionskommandeure der Heeresunteroffizierschulen und die Divisionskommandeure der Fahnenjunkerschulen. Das sind verkleidete Schullehrer und Zahlmeister.

Sehr nett ist Oberst von Hellermann, der mir in vorgerückter Stunde hart auf die Schulter schlug und in der Form: »Was macht unser Alter!« nach Papa fragte.

Der Samstag/Sonntag in Berlin war sehr einsam. Ich sah die »Räuber« von Schiller in erstklassiger Besetzung im Staatlichen Schauspielhaus. Das Stück gefiel mir nicht.

Von Bekannten sprach ich nur ein paar Minuten Graf Stauffenberg, jetzt als Oberst im Generalstab bereits im Vorzimmer von Generaloberst Fromm. Alexander war mit Familie weggefahren.

118

Die Insterburger traf ich nicht gerade in froher Stimmung wieder. Die Front ist ja nur noch 150 km weg. Wobei Front eigentlich ein falscher Ausdruck ist. Man sagt besser einfach die Bolschewisten. Angeblich soll man den Kanonendonner nachts hören. Ich hatte noch keine Zeit, mich damit zu beschäftigen. Ich horche lieber am Kopfkissen. Ich werde viel von Zivilleuten nach meiner Beurteilung der Lage gefragt. Man kann die Leute nur damit trösten, daß ich meiner Hoffnung Ausdruck gebe, daß sich der Russe ja zunächst mit der Heeresgruppe Nord beschäftigen muß und wir also mindestens noch vier Wochen Zeit haben, die Verteidigung von Ostpreußen aufzubauen. Vom Letzteren habe ich bis jetzt allerdings noch nichts gemerkt. Wir leben unseren Alltag wie bisher.

Ganz abgesehen von der militärischen Lage sind schon längst Bestrebungen im Gange, meine Schule ins Reich zu verlegen. Da Offizierbewerber sowieso nicht eingesetzt werden sollen, hat mein Hierbleiben ja nicht einmal für die Landesverteidigung Zweck. Auf die Bevölkerung würde unsere Abreise ja allerdings keinen allerbesten Eindruck machen. Mein weniger gesellschaftlicher Verkehr, den wir bisher noch aufrecht erhalten hatten, geht jetzt endgültig in die Brüche.   Herzliche Grüße
                                                Euer treuer Sohn
                                                         Roland

Hößlin erwähnt hier nur beiläufig sein letztes Gespräch mit Stauffenberg vor dem Attentat. Es muß kurz gewesen sein und ganz im Zeichen der unmittelbar letzten Vorbereitungen gestanden haben. Stauffenberg hatte den 15. Juli als Datum des Anschlags vorgesehen. Die beiden Männer werden »durchgecheckt« haben, was nun in allernächster Zeit zu tun sei. Militärisch knapp, denn jeder kannte genau seinen Aufgabenbereich. Und immer nur im Flüsterton, bei zugedeckten Telefonhörern. Hößlin fuhr unmittelbar darauf nach Ostpreußen zurück.

Einer seiner Offiziere will sich heute erinnern, daß etwa Mitte des Monats Juli in der Scharnhorst-Kaserne in Insterburg, in der die Ausbildungsabteilung lag, »Mobilmachung« gewesen sei. Hößlin sei »nervös mit zwei Pistolen herumgelaufen«. Das trifft wohl zeitlich mit dem für das Attentat vorgesehenen Datum, dem 15. Juli, zusammen. Denn General Olbricht, der wie Stauffenberg beim Befehlshaber des Ersatzheeres im Bendlerblock arbeitete, hatte vorsorglich vor diesem Tag einige Einheiten in der Nähe des Führerhauptquartiers in Alarmbereitschaft setzen lassen. Hößlin setzte seine zwei Kompanien am Morgen des 15. Juli auch tatsächlich in Richtung Königsberg in Marsch, getarnt als »Marschübung«. Er war aber noch nicht weit gekommen, als der Marsch wieder abgebrochen wurde. Der Alarm war aufgehoben, das Attentat an diesem Tage nicht zustande gekommen.

Man mag sich das Unbehagen des jungen Kommandeurs vorstellen. Was war passiert? Wo war er? Marschierte er an der Spitze seiner kleinen Truppe, oder hatte er einem subalternen Offizier nur die nötigen Befehle gegeben und war selber in seinem Dienstzimmer in der Kaserne geblieben, auf jeden möglichen Telefonanruf aus Berlin oder dem »FüHQ« wartend? Die Fernmeldeverbindungen waren damals nicht die heutigen. Man konnte noch nicht, oder nur in sehr geringem Umfang, »durchwählen«. Ein Truppenführer auf dem Marsch verfügte nicht über ein »Walkie-talkie«, über das er jederzeit mit jeder unter- oder übergeordneten Dienststelle in Verbindung treten konnte. Es gab nur »Kradmelder«, mit denen man eine Truppe auf dem Marsch anhalten konnte. Marschübungen waren zwar Bestandteil der Ausbildung, aber sie wurden langfristig angesetzt. Alarmübungen waren üblich, aber nicht unbedingt mit einem längeren Ausrücken aus der Kaserne verbunden. Was dachten die Offiziere, die Fahnenjunker über diesen merkwürdigen mehrstündigen Marsch in Richtung der Provinzhauptstadt?

Hößlin konnte sich immerhin sagen, daß niemand aus dieser »Übung« irgendwelchen Verdacht schöpfen konnte. Aber man kann sich seine Erregung an diesem 15. Juli vorstellen. Hatte Stauffenberg ihm in Berlin konkret gesagt, daß er an diesem Tage die Bombe im Hauptquartier zünden würde? Oder hatte er ihn nur vage wissen lassen, daß es in wenigen Tagen »losgehen«

werde und er mit einer Alarmierung rechnen müsse? Diese auf den innersten Kern der Aktion zielenden Angaben müssen auf jeden Fall mit äußerster Vorsicht gemacht worden sein, so daß Hößlin von der Alarmierung ab in völliger Unsicherheit über das Folgende gewesen sein muß. Das Putschen ist, wie schon Lenin wußte, nicht unbedingt Sache der Deutschen. Rechnen wir noch den moralischen Faktor hinzu, so müssen wir die ungeheure nervliche Belastung würdigen, unter der Hößlin an diesem Tage stand.

Es ist dann auch die einzige Aktion geblieben, an der Hößlin im Zusammenhang mit dem Attentat auf Hitler teilgenommen hat. Als das Attentat dann wirklich fünf Tage später durchgeführt wurde, war es zu spät für irgendwelche Alarmierungen im Wehrkreis I. Aber daß die Abteilung Hößlin an jenem 15. Juli ausgerückt war, ist möglicherweise eines der Verdachtsmomente, die später zur Verhaftung Hößlins führten.

Den Eltern teilt er nichts mit über diesen merkwürdigen Tag. Am 17. Juli wirft er rasch ein paar Zeilen auf eine Postkarte, in denen er sich um die elterliche Wohnung nach einem Bombenangriff auf München sorgt und seinen einstweiligen Verbleib in Ostpreußen meldet.

[Poststempel:] Potsdam, 17. 7. 44

Liebe Eltern!
Solltet Ihr in diesen Tagen in München gewesen sein, habt Ihr zumindest allerlei Niederdrückendes miterleben müssen. Hat unsere Wohnung alles überstanden? Entgegen der ursprünglichen Absicht bleiben wir jetzt doch in Ostpreußen. Guderian hat eingegriffen. Das Bild Insterburgs hat sich nur durch das Auftauchen von allerhand zweifelhaften Troßknechten verändert.   Herzlichen Gruß
Roland

Einen Tag später schreibt er an den Großvater, den er auch in diesen angespannten Tagen nicht vergißt. Sein Brief ist voller Hinweise auf den nahenden Zusammenbruch, zeigt aber seine grimmige Entschlossenheit, keinerlei Nachlassen der Disziplin zu dulden. Die »Troßknechte« gab es als Vorboten des Endes in allen Kriegen, auch damals, im Osten wie im Westen, und sie waren gefährlicher Sprengstoff im locker werdenden Gefüge der Truppe. Wer den Anfängen nicht wehrte, war verloren. Aber das war nicht Sache von Hößlin, dem Offizier alter Schule mit der Autorität des Ritterkreuzes am Hals und des verkümmerten rechten Arms, mit einer Stimme, die sehr wohl schneidend werden konnte. Er wußte »sehr rücksichtslos dreinzufahren«.

Insterburg, den 18. 7. 1944

Lieber Großpapa!

Für Deinen Brief vom 7. 7. 44 aus Filseck danke ich Dir vielmals. Ich benutze jetzt zwar die Schreibmaschine für meine Briefe, doch selbst sie mit einem Finger zu bedienen würde, glaube ich, mein Nervensystem zerrütten. Ich diktiere deshalb lieber einer tüchtigen weiblichen Schreibkraft, die beinahe so schnell schreibt, wie ich spreche.

Daß es Dir auch gesundheitlich gutgeht und Du auch ohne Krankenhaus auskommen kannst, freut mich sehr. Ein Glück, daß Du in der Zeit der Terrorangriffe auf München nicht dort sein mußt, sondern in Filseck die Ruhe des Landes und die liebevolle Pflege von Ria genießen kannst.

Meinem Standort ist der Krieg inzwischen erheblich näher gerückt. Ängstliche Gemüter wollen nachts den Kanonendonner von der Front hören. Am Sonntag früh weckte uns das Flakschießen auf einen russischen Aufklärer. In den Straßen der Stadt treiben sich finstere Gestalten, Troßknechte, die als erste und am weitesten ausgerissen sind, herum. Sie tun, als wenn sie die letzten Überlebenden wären, und zeigen manchmal revolutionäre Anwandlungen. Wir fahren aber ganz rücksichtslos darein.

Da mein wertvoller Offiziernachwuchs keinesfalls in den Kampf hineingebuttert werden soll, wollte man uns eigentlich schon in die Mitte des Reiches in die Lüneburger Heide verlegen. Man hat es wohl im Hinblick auf den schlechten Eindruck, den es bei der Bevölkerung machen würde, unterlassen.

Du schreibst von der Möglichkeit, daß ich einmal nach Filseck kommen könnte. Doch kann ich an Urlaub in der jetzigen Lage auf keinen Fall denken. Es ist ja Urlaubssperre für die ganze deutsche Wehrmacht an der Front und in der Heimat angeordnet. Wünschen würde ich ihn mir ja, und damit verbunden ein Wiedersehen mit der Familie dringend. Mama wird jetzt wohl wieder abgereist sein. Bitte grüße Ria und Deinen Schwiegersohn herzlichst von mir.

Dir selbst wünsche ich Gesundheit und weiterhin alles Gute.   Dein dankbarer Enkel
                                                                                                                                Roland

Was ging in den folgenden Tagen in ihm vor? Absorbiert vom Dienstbetrieb, wird er wenig Zeit zum Nachdenken gehabt haben. Glaubte er noch an einen Erfolg des Umsturzes, nachdem offenbar ein erster Versuch abgebrochen worden war? Rechnete er mit baldigen weiteren Aktionen? Kamen Zweifel in ihm auf, ob es angesichts der rapide sich verschlechternden Gesamtlage überhaupt noch lohnte, zuzuschlagen? Nach Berlin zu Stauffenberg würde er in absehbarer Zeit nicht kommen können. Die Gerüchte von einer Verlegung der Schule ins Reich verdichteten sich. Wenn dies aber eintreten sollte, so würde er auf jeden Fall aus der Putschplanung ausscheiden müssen.

Der 20. Juli ist über ganz Europa ein strahlender, heißer Sommertag. An der Ostfront reißt der große Durchbruch der Roten Armee in der Mitte die Front immer weiter auf, stürmen die sowjetischen Panzer in Richtung Weichsel. Im Westen hält die Normandiefront noch. Aber der alliierte Brückenkopf wird weiter und weiter, ein Durchbruch in Richtung Bretagne ist abzusehen. In den Kasernen und Schulen im Reich geht der Dienstbetrieb seinen gewohnten Gang. Die Stimmung ist gedrückt, aber man verdrängt die Sorgen im Dienst.

Am frühen Nachmittag, gegen 16 Uhr, kommt ein merkwürdiges Gerücht auf. Im Führerhauptquartier in Ostpreußen sei eine Explosion erfolgt, es habe Verwundete und Tote gegeben. Man rätselt. Eine Explosion? Was sollte das heißen? Ein russisches Ferngeschoß von der sich nähernden Front mit einem

Volltreffer in der »Wolfsschanze«? Eine alliierte Fliegerbombe? Oder gar eine Fallschirmjägerlandung?

Die Ungewißheit dauert Stunden. In einigen Schulen, so in Krampnitz bei Berlin und in Wischau in Mähren, wird gegen 20 Uhr »Walküre«-Alarm gegeben. Die vorgesehenen Einheiten rücken aus oder halten sich in Marschbereitschaft. Diesmal mit klaren, öffentlich ausgesprochenen Befehlen, Parteibehörden in Berlin oder in Brünn zu neutralisieren. Also war irgend etwas Schwerwiegendes passiert. Aber was?

Auch Roland von Hößlin, nur wenige hundert Kilometer von Hitlers Hauptquartier entfernt, wird von den ersten Gerüchten erfahren und sich seinen Reim darauf gemacht haben. Hatte sein Freund Stauffenberg zugeschlagen? Hatte jemand anderes das Attentat durchgeführt? War Hitler tot? Warum kam kein Alarm?

Roland von Hößlin ist an diesem Tage, wie viele andere, von den Ereignissen völlig überrascht worden. Ebenso erging es allen anderen Verschwörern im Wehrkreis I. Wir wissen, daß der Attentäter selbst eine gewisse Zeit im unklaren darüber war, ob sein Opfer tot sei; daß er, die Seele des Widerstandes, während des ganzen langen, vierstündigen Fluges von Ostpreußen nach Berlin für die weiteren Maßnahmen ausfiel und die Alarmierung der Putscheinheiten erst nach seiner Ankunft in der Bendlerstraße anlief. Das erste Fernschreiben der Verschwörer in Berlin erreichte Königsberg erst um 18 Uhr. Zu diesem Zeitpunkt hatte der Wehrmachtoberbefehlshaber, Generaloberst Keitel, bereits in der Bendlerstraße angerufen und seinem Kollegen Fromm berichtet, daß Hitler nicht tot sei. Wenig später begannen bereits die ersten Verhaftungen im Führerhauptquartier. Nicht rastend aber hatte Stauffenberg, überzeugt, wenn auch nicht Augenzeuge, vom Tode Hitlers, gleichzeitig »Walküre« in Gang gesetzt und damit heillose Verwirrung in allen von ihm erreichten Wehrkreisen angerichtet. Zu dem zwischen Hößlin und Oberstleutnant Erdmann ausgemachten Stichwort »Möwe II«, welches die erste und wichtigste, unmittelbare Aktion im Umkreis des FüHQ auslösen sollte, kam es gleichwohl nicht.

124

So erfuhr Hößlin, wie Millionen anderer Deutscher, die Nachricht von einem Anschlag auf den »heißgeliebten Führer« erst in den frühen Abendstunden aus dem Goebbelsschen Rundfunk. Und so wohnte er, fassungslos, gegen Mitternacht am Radio seines Offizierskasinos, der Ansprache Hitlers bei, in der von der »ganz kleinen Clique verbrecherischer und dummer Offiziere« die Rede war, mit denen nun, »nach den Methoden der Nationalsozialisten«, abgerechnet werde.

NACH DEM ATTENTAT

Fünf Tage nach dem dramatischen Tag schreibt Roland von
Hößlin einen Brief an seine Eltern. Was war in den Tagen seit
dem Attentat in ihm vorgegangen? Wir können nur versuchen,
es nachzuempfinden. Nach und nach hatte er, wie alle Deutschen, erfahren, was geschehen war. Das Attentat war gescheitert, ebenso wie der Versuch, das Regime zu stürzen. Offenbar
war alles etwas dilettantisch angelegt worden, was dem klaren
Denker und taktisch geschulten Offizier instinktiv gegen den
Strich gehen mußte. Zunächst einmal hatte sich niemand gefunden, der Hitler hätte umbringen können, mit einem gezielten
Schuß aus einer Pistole aus kurzer Entfernung. Das Attentat
hatte sein Freund Stauffenberg selber durchführen müssen, von
dem er wußte, daß er wegen seiner schweren Verwundungen
nicht in der Lage war, eine Pistole zu führen. Die statt dessen
benutzte Bombe war zwar explodiert, hatte aber nicht Hitler,
sondern Unschuldige getötet. Und dann war verspätet, überha-
stet Alarm ausgelöst worden, der ihn nicht einmal erreicht hatte.
Nur in Paris und Wien hatte es einigermaßen geklappt, Partei-
bonzen und SS-Leute vorübergehend hinter Schloß und Riegel
zu setzen.

Stauffenberg war noch am Abend selber erschossen worden.
Kübel von Schmutz ergossen sich seitdem stündlich aus dem
Rundfunk über ihn und seine Mitstreiter. Und nun würde die
Rache kommen. Wen würde sie alles erreichen? Auch ihn?
Schon hatte es die Leute erwischt, die in der Bendlerstraße
dabei waren, Witzleben, Hase, Hoepner, seine Regimentskame-
raden Thüngen und Leonrod und in Wien Marogna-Redwitz.
Rundfunk und Presse nannten Namen nur spärlich, aber daß im
ganzen Reich eine Jagd auf die Verschwörer eingesetzt hatte,

war offensichtlich. Hößlin wußte nicht, wie viele in die Pläne Stauffenbergs und Goerdelers eingeweiht gewesen waren, er konnte auf deren Zahl nur aus dem kleinen Kreis derer schlie-ßen, mit denen er über diese Pläne gesprochen hatte. Aber daß es weit mehr waren als die von Hitler gebrandmarkte »ganz kleine Clique verbrecherischer und dummer Offiziere«, wurde in diesen Tagen nicht nur Hößlin klar.

Hößlin mußte sich fragen, wieweit sein Name in die Er-mittlungen verwickelt werden könnte. Stand er auf irgendwel-chen Listen? Würde einer der Verhafteten ihn unter der Folter bekanntgeben? Würde ihn einer seiner Offiziere wegen des »Übungsmarschs« vom 15. Juli anzeigen? Äußerlich ließ er sich nichts anmerken. Er gab sich völlig seinem Dienst hin, ver-brachte Stunden bei der übenden Truppe auf dem Standort-Exerzierplatz und ging in den wenigen verbleibenden Abend-stunden mit seinem Chow-Chow im weiten Kasernenbereich spazieren.

Aber in seinem ersten Brief nach den Ereignissen an die Eltern lesen wir, wie sehr ihn das Unfaßbare umgetrieben haben muß.

Insterburg, 25. 7. 44

Liebe Eltern!
In den letzten Stunden in Insterburg will ich Euch noch diese paar Zeilen schreiben. Ich fahre heute abend zu einer länge-ren Dienstreise über Berlin, Eisenach, Kassel in meine neue Garnison Meiningen! Über diesen Ortswechsel kann ich mich jedoch kaum mehr freuen. Angesichts der militärischen Lage und nach den Ereignissen des 20. 7. befinde ich mich im Zustand tiefster Niedergeschlagenheit. An die Front gehen und dort den Tod suchen erscheint mir als der einzige noch ehrenhafte Ausweg, dabei noch als der einfachste. Ich würde Papa bitten, mich in Meiningen zu besuchen, sobald ich dort Fuß gefaßt habe. H. [. Ich werde dann nach Bächingen] tele-graphieren.
Viele Grüße sendet
Euer treuer Sohn
Roland

Nun also stand Hößlin ein weiterer Umzug bevor, der vierte seit seiner Versetzung in das Heimatheer. Was er davon hielt, teilte er seinen Eltern mit. Sein nun unwiderstehlich gewordener Wunsch, einen Ausweg aus dem Dilemma an der Front zu suchen, geht wieder nicht in Erfüllung. Wollte er seinen Eltern mit dem Hinweis auf seine Niedergeschlagenheit einen Wink geben, daß er nicht ganz unbeteiligt an den Ereignissen des 20. Juli war? Wollte er dem Vater, den er unbedingt in Meiningen sehen wollte, alles sagen und seinen Rat suchen? Jedenfalls spielt er zum erstenmal klar mit Todesgedanken, wie es so viele seiner Kameraden vom Widerstand damals taten, aus einer unerträglichen Mischung aus Verzweiflung über das Scheitern, Furcht vor Verhaftung und Folter, und vielleicht auch einem Gefühl der Schande, das manche von ihnen ob des Eidbruchs und seiner Folgen für viele nun beschleichen mochte.

Am Tage nach diesem Brief bricht er per Bahn nach seinem neuen Standort, dem thüringischen Meiningen auf. Unterwegs erledigt er allerlei Dienstliches in Berlin und Kassel, was ihn ablenkt. Überall trifft er auf alte Bekannte, vor allem bei der »In 6«, der für die Panzertruppen zuständigen Inspektion unter dem General Freiherr Geyr von Schweppenburg. In Kassel trifft er sogar »auf die letzten Wellenschläge des 20. Juli«, wie er meint und vielleicht hofft, denn der Kelch ist ja noch nicht an ihm vorübergegangen. Daß er überhaupt von Verhaftungen spricht und Namen nennt in seinem Brief, mag bei der allgemeinen Geheimnistuerei um diese Vorfälle erstaunen. Will er sich den Anstrich eines völlig Unbeteiligten, über den Ereignissen Stehenden geben? Daß sein Brief in die Hände eines Zensors geraten könnte, war ja nun erst recht nicht mehr auszuschließen. Seine Beförderung zum Major, die den Neunundzwanzigjährigen unter normalen Umständen beglückt haben müßte, freut ihn nicht mehr. Hat er begonnen, sich vom Irdischen zu lösen?

Lieber Papa!

Ich war sehr erleichtert, als ich gestern Deinen Brief aus Bächingen erhielt. In den kritischen Tagen wolltet Ihr doch eigentlich in München sein. Einen Brief von Dir habe ich anscheinend bisher nicht bekommen. Er war, wie ich Deinem letzten entnehme, noch nach Insterburg gerichtet. Im Schlafwagen von Ostpreußen nach Berlin traf ich Hugo Süßkind, der eben vom Vortrag kam. In Berlin konnte ich sehr viel erledigen, da ich von der »In 6« einen Wagen bekam, um zum Personalamt zu fahren. Dort wurden mir alle meine Wünsche für eine Offizierstellenbesetzung erfüllt. Über meinen Vorgesetzten, den Kommandeur der Heeresunteroffizierschule in Eisenach, fuhr ich dann nach Kassel. Dort merkt man noch die letzten Wellenschläge des 20. 7. Der Chef des Stabes von Plate mußte gehen und bekam ein Regiment. Man hat den alten Chef Nida zunächst wiedergeholt, der sehr liebenswürdig und zuvorkommend zu mir war und Dich sehr grüßen läßt. Der Ia verlieh meinen Wünschen noch besonderen Nachdruck, indem er die einschlägigen Referenten zu sich kommen ließ.

Als ich nach dieser Rundreise früh 1.00 Uhr in Meiningen ankam, weckte mich der Schaffner aus tiefem Schlaf, als der Zug schon leer war. Hier fand ich meine Beförderung zum Major vor, die mich unter den augenblicklichen großen Verhältnissen nicht sonderlich berührt, mir aber doch im Verkehr mit anderen Dienststellen angenehm ist. Sonst müßte ich womöglich den Vorstand der Standortverwaltung zuerst grüßen und mit »Herr Stabsintendant« anreden. Daß man uns diese halbseidenen Burschen gleichgestellt hat, ist auch so eine revolutionäre Titel-Inflationserscheinung, ebenso wie diese wahnsinnigen vorzeitigen Beförderungen.

Unsere Kaserne ist annehmbar. Kasino fällt bis jetzt völlig aus. Wohnung habe ich noch keine. Besuche tätigte ich in den ersten Tagen vom Kreisleiter bis Bürgermeister und Herzog. Letzteren kenne ich schon aus der Bamberger Zeit. Seine Söhne waren 17er. [. . .] Samstag/Sonntag besuchte ich Bamberg. Dort erfuhr ich Trauriges. Hugo Aufseß, ein besonders lieber und vorbildlicher Freund und Regimentskamerad, ist gefallen. Die ganze Familie Stauffenberg verhaftet, auch der alte Berthold aus Greiffenstein. Über die Zusammenhänge des 20. 7. bin ich nach meiner Reise hinreichend orientiert. In großen Zügen gibt ja auch die Goebbelsrede Auskunft. In Berlin sind im Bereich des OKH umfangreiche Verhaftungen vorgenommen worden.

Wo ist Mama? Noch in Filseck? oder gar nicht in München gewesen? Sind wir ausgebombt?

Herzliche Grüße auch an Onkel Richard und Tante Ilse
Roland

Der folgende Brief an die Mutter gibt treffend das Elend jener Zeit in Deutschland wieder, die ständige Furcht, seine Lieben in einem der unaufhörlichen Bombenangriffe zu verlieren, die Trauer um einen geliebten Regimentskameraden, der an der Westfront gefallen ist, und, für ihn persönlich, die nagende Ungewißheit über das Bevorstehende, das Fehlen der »inneren Sicherheit«.

Meiningen, 5. 8. 44

Liebe Mama!

Es hat mich sehr beruhigt, aus Papas Brief zu erfahren, daß Du Filseck überhaupt nicht verlassen hast. Daß unser Heim bisher überhaupt nichts abbekommen hat, hatte ich eigentlich gar nicht erwartet. Nach meinen Beobachtungen in Berlin nimmt die Gefahr später für ein einzelnes stehengebliebenes Haus wieder ab. Große Brände können nicht mehr entstehen, und Sprengbomben fallen zum großen Teil in Ruinen.

Vorgestern war ich zum Trauergottesdienst für Hugo Aufseß in Bamberg. Ein furchtbar trauriger Anlaß, bei dem man sich in allem Unglück aber doch freut, alte Freunde und Bekannte wiederzusehen. Ich nahm bei der Rückfahrt in meiner PKW-Fahrschule Bernd Dungern nach Oberau mit. Während ich bei ihm einige gemütliche Mittagsstunden zubrachte, schlug sich meine vierköpfige Fahrschule beim Verwalter ebenfalls den Magen voll.

In Meiningen habe ich jetzt für Mitte des Monats eine befriedigende Wohnung in Aussicht. Um ein annehmbares Kasino kämpfe ich noch. Leider fehlt einem die innere Sicherheit, etwas für die Dauer zu schaffen, da sich die Lage jetzt in der Entwicklung überschlägt. Herzlichen Gruß
Dein treuer Sohn
Roland

Eine Woche später beschreibt er seinen Eltern seine neue Routine und den neuen Dienstbereich in dem bildhaften Stil, der viele seiner Afrika-Briefe kennzeichnete. Es ist, als verliere er sich jetzt förmlich an die Natur und an das bißchen Gesellschaftliche, was die Zeit ihm noch ließ. Und in zwei kurzen, eher beiläufigen Sätzen, erwähnt er das, was ihn Tag und Nacht im Innersten aufgewühlt haben muß: die Nachwehen des gescheiterten Umsturzversuchs. Die Zeitungen veröffentlichten damals die ersten Berichte von den Prozessen gegen die »Hauptverschwörer«. In gewaltigen Schlagzeilen mit blutroten Balken, darunter der »Völkische Beobachter«, das Zentralorgan der NSDAP. Hößlin »kocht vor Wut«, eine Reaktion, die ihm nicht gefährlich werden konnte, da sie ja auch als Zorn über den Verrat der Täter auszulegen war.

Meiningen, 14. August 44

Liebe Eltern!
Da Ihr nun wieder vereint seid, ist die briefliche Verbindung wesentlich vereinfacht. Ich habe jetzt mein häßliches Hotelzimmer geräumt und zwei wunderschöne, repräsentative Zimmer beim Direktor der Deutschen Bank bezogen. Die Leute sind ebenfalls wieder rührend, die Hausfrau trotz ihrer vielen häuslichen Arbeit überströmend in Fürsorge für mich. Da wir zur Zeit kein Kasino haben, bin ich besonders froh, wenigstens bei mir öfter einen kleinen Kreis versammeln zu können. Meine Herren sind auch ganz dankbar, wenn sie aus ihrer schlechtgedielten Kasernenstube dann und wann in eine gepflegte Umgebung können.
Mein sonstiger Tagesablauf ist ziemlich gleichbleibend.

Äußerlich verändert sich wenig. Innerlich koche ich oftmals von Wut, wenn ich in diesen Tagen die Zeitung lese. Das Essen schmeckt mir dann kaum mehr.

Das Wetter ist für Mittelgebirgsverhältnisse überraschend schön, die weitere Umgebung ganz herrlich. Es ist ein großer Genuß für mich, allein die tägliche Fahrt auf die Exerzierplätze. Von jedem Berg eröffnen sich wieder andere überraschende Perspektiven.

Herzliche Grüße an Onkel Richard und Tante Ilse

Euer treuer Sohn
Roland

Nun gab es die ersten Todesurteile mit unmittelbar anschließenden Vollstreckungen. Witzleben, Hoepner, Fellgiebel, Hase, eine ganze Riege von Generalen wurde dem Henker übergeben. Die Wochenschauen brachten Auszüge aus den Prozessen gegen ein wahres Häuflein Unglücklicher, die gestern noch zur bewunderten Elite des Reiches gehört hatten. Vor allem aber stellten sie einen Mann heraus, in dessen Person sich die ganze fürchterliche Nemesis der Gewalthaber verdichtete: Roland Freisler, den Präsidenten des Volksgerichtshofes, jenes Bluttribunals, welches über das Schicksal der Angeklagten zu entscheiden hatte, nachdem sie vorher von einem »Ehrenhof« aus der Wehrmacht ausgestoßen worden waren. Freisler, ein ehemaliger Kommunist, der sich nach der Eigenart vieler Renegaten fanatisch dem Nationalsozialismus verschrieben hatte, war der Mann, den die Nazis für solche Prozesse brauchten. Hochintelligent, zynisch, von blendender Rednergabe, forensisch bis in die Fingerspitzen, humorvoll herablassend und Sekunden später von schneidender Schärfe, beleidigend und erniedrigend für seine Opfer, die er überhaupt nicht erst zu Wort kommen ließ, stand für einen Mann wie ihn – Hitler selbst nannte ihn einmal »unseren Wyschinski« – das Urteil in allen Fällen schon vor Prozeßbeginn fest. So machte er seine Verfahren zu einer beinahe kultischen Beschwörung der Treue und blinden Hingebung an den »Führer«, den anzutasten in der Stunde höchster Gefahr das absolut schändlichste und todeswürdigste Verbrechen darstellte, dessen sich ein Deutscher schuldig machen konnte.

Gerade die Offiziersschulen, die den Führernachwuchs für die plötzlich ins Zwielicht geratene Wehrmacht heranzubilden hatten, waren Ziel dieser Blutpropaganda. Wenn es ihm die Zeit zwischen zwei Prozessen erlaubte, hielt Freisler Vorträge vor den Fahnenjunkern, die er in hinreißender, geradezu demagogischer Prosa zur totalen Hingebung an den Führer aufpeitschte, während er vor dem Offizierskorps in einem wesentlich weniger bombastischen Stil und in großem Ernst über den »inneren Feind« referierte, den zu besiegen der Nationalsozialismus noch nicht die Zeit gefunden habe: den Kommunismus, den Adel und die Kirchen. Für die Schulen im Umkreis von Berlin wurde angeordnet, den Prozessen vor dem Volksgerichtshof im Rahmen des »Heerwesen-Unterrichts« beizuwohnen. Der erhoffte Abschreckungs- oder Solidarisierungseffekt kehrte sich indes bei den meisten in das genaue Gegenteil um, nachdem sich ihnen, in der Person Freislers, die ganze Inhumanität des Regimes fratzenhaft offenbart hatte.

Roland von Hößlin hat damals nicht nur Todesanwandlungen gehabt. Er dachte offenbar vorübergehend auch an Flucht. Wer die Zeiten nicht gekannt hat, wird die Ölberg-Stimmung, die ihn erfaßte, nicht verstehen können. Das nächtliche Lauern auf die Leute in den langen grauen Mänteln. Die ständige pochende Frage, ob man nicht doch angezeigt worden sei. Die Vorstellung, von Henkershand sterben zu müssen. Es gibt das Zeugnis von einem ehemaligen Offizier in seinem Stab, der ihm angeboten hatte, ihn bei einem bekannten Förster in einer Jagdhütte unterzubringen, wo er versteckt die Ankunft der Alliierten hätte abwarten können. Aber das muß ihm im Innersten widerstrebt haben. Jedenfalls lehnte er ab, nunmehr entschlossen, dem Schicksal ins Auge zu blicken.

Statt dessen suchte er, der nicht religiös erzogen worden war, nun die Nähe zu Gott. Noch in Insterburg war ihm als Adjutant ein junger Reserve-Offizier, Leutnant Krämer, zugeteilt worden, der im Zivilberuf evangelischer Theologe war. Mit ihm suchte Hößlin öfter das Gespräch. Noch während des Krieges, nach dem Tode Hößlins, berichtete Krämer dem General Hubert von Hößlin über diese Kontakte mit seinem Sohn, in einem Brief, der ihn Kopf und Kragen hätte kosten können, wenn er entdeckt worden wäre.

Meiningen, 1. Februar 45

Hochverehrter Herr General!

[. . .] die Gespräche, die wir miteinander hier hatten, gingen fast ausschließlich um diesen Punkt: um Gott und den Frieden, der nicht von dieser Welt ist. Zwar war ich im tiefsten getrost um ihn, als dann die jähe Trennung kam und uns fast buchstäblich mitten im Wort auseinander riß, doch bedrückte mich manches, was an Unausgesprochenem bleiben mußte. Ich wußte um seine demütige Haltung, aus der heraus dann wohl alles an Zweifelhaftem überwunden worden ist, was als kleiner abgestandener Rest jene seine dann so beglückende Klarheit zu trüben drohte.

Wie sehr Roland von Hößlin zu Gott gefunden hatte, bezeugt er in seinen erschütternden Abschiedsbriefen. Einer seiner älteren Regimentskameraden aus Bamberg, Freiherr von Lerchenfeld aus Heinersreuth, schrieb dazu nach dem Kriege an Rolands Mutter: ». . . die größte Freude war mir aber, aus seinem Abschiedsbrief entnehmen zu dürfen, daß er zu Gott gefunden hat. Während des Dritten Reiches war bei unseren jungen Kameraden das Wörtlein GOTT sehr klein geschrieben und ich habe mich immer wieder bemüht, ihnen durch Gespräche und Beispiele Gott näher zu bringen. Aber sie waren eben so jung, so strahlend in ihrem Selbstbewußtsein, ihrer Zuversicht und ihrer Sicherheit, daß sie das damals wohl spießig und altmodisch von mir fanden . . .«

Strahlend von Selbstbewußtsein und Zuversicht – jedenfalls war Hößlin das bis zuletzt nach außen hin. Nichts könnte mehr seine Charakterstärke zeigen. Zuweilen grenzte seine Sicherheit an Galgenhumor. »Na, mein Alter, noch am Leben?« soll er einmal übermütig am Diensttelefon einem Bekannten im Führerhauptquartier zugerufen haben, und dem Zeugen, der danebensaß, sträubten sich die Haare; denn die Verhaftungswelle lief auf vollen Touren.

»Nicht zu fassen!« sagt der Major. »Die Erschießungen sind schon im Gange, vorerst allerdings nur in Berlin ... Wenn irgendwelche Listen existieren, steht auch mein Name drauf. Todsicher. Stauffenberg und ich waren in ständigem Kontakt. Wir sind alte Bekannte, Sie wissen ja, Bamberger Reiter ...«

So beschreibt ein Zeitzeuge in einem Bericht seine letzten Gespräche mit dem Kommandeur in der Kaserne von Meiningen. Hößlin habe hinzugefügt: »Ich mache mir keine Illusionen. Jedenfalls nicht, was den Verfall meines Standes angeht. Denn wie wäre es sonst möglich gewesen, daß ein Hitler, der aus dem Nichts kommt, die Treue, die Ehre, den Gehorsam der ›Kriegerkaste‹ so pervertierte? Immerhin, wenn überhaupt in unserem Volke ein auch nur halbwegs wirksamer Widerstand erwachen konnte, so in unseren Reihen.«

Das Schicksal erfüllte sich am Vormittag des 23. August 1944. Am Vorabend hatte Hößlin noch einen Konzertabend im Meininger Theater arrangiert. Anschließend war man in bester Laune in die Wohnung des Stadtkommandanten, des Majors Grams, gezogen, mit dessen Frau Daniela Hößlin die Passion fürs Musische teilte. Und ganz spät am Abend lud der Kommandeur noch einige seiner Herren zu einem letzten Umtrunk in seine Wohnung, darunter seinen Adjutanten, Leunant Krämer. Diesen brachte er anschließend in seine Dienstwohnung in der Kaserne, wo Krämer ihm einen Kaffee anbot. Beim Gehen in der Tür sagte Hößlin nachdenklich zu seinem Adjutanten: »Anscheinend holen sie mich doch nicht mehr, wie?«

Aber die Häscher hatten zu diesem Zeitpunkt schon den Befehl zur Verhaftung des Majors Roland von Hößlin in der Tasche. Am nächsten Morgen, während Hößlin mit seinem Adjutanten in dessen Zimmer Fragen des Dienstbetriebs besprach, klopfte es an die Tür. Der Gefreite von der Schreibstube steckte den Kopf durch die Tür und meldete, zwei Herren in Zivil wollten den Herrn Major sprechen. Die beiden Herren schoben sich im gleichen Augenblick durch die offene Tür, hoben lässig die Hand zum Hitlergruß, und einer von ihnen, im

Lodenmantel, fragte barsch:»Sind Sie der Major von Hößlin?«
Hößlin habe dies bejaht, berichten die wenigen Zeugen der
Szene, und die beiden Herren aufgefordert, ihm in sein Zimmer
zu folgen. Dies aber sei abgelehnt worden. Statt dessen hätten
sich die beiden als Gestapobeamte ausgewiesen und den Adjutanten Krämer aufgefordert, das Zimmer zu verlassen. Als Krämer kurz darauf das Zimmer wieder betreten hätte, sei es leer
gewesen, aber durch die halboffene Tür des nebenanliegenden
Kommandeurszimmers habe er seinen Kommandeur auf dem
Sofa sitzen sehen, starr aufrecht, zwischen den beiden Beamten
auf Stühlen. Nun habe Hößlin zu Krämer gesagt, er sei ange-
schuldigt, zu den Verschwörern des 20. Juli zu gehören, und
man werde ihn nach Berlin bringen. An dieser Stelle habe einer
der Gestapomänner ihn unterbrochen:»Und zwar in Zivil!«
Daraufhin habe Hößlin zornig verlangt, seine Uniform, in der er
ja schließlich gekämpft habe, anbehalten zu dürfen. Als die
Gestapomänner auf ihrer Forderung bestanden, habe Hößlin
ihnen bedeutet, daß er nur auf Weisung seines direkten Vorgesetzten Zivil anziehen werde. Krämer habe eine Verbindung
zum Generalkommando hergestellt, und nun sei dem Kommandeur offenbar auch von seinem Vorgesetzten bedeutet worden, er habe sich der Weisung der Beamten zu fügen. Zunächst
habe er zu widersprechen versucht, dann aber, fassungslos, den
Hörer aufgelegt. Im Hinausgehen zwischen den beiden Beamten, die ihn nicht gefesselt hatten, wie das Vorschrift war, habe er
Krämer, ohne ihn anzusehen, den Befehl gegeben, die Geschäfte der Abteilung bis zu seiner Rückkehr wie bisher wei-
terzuführen. Hößlin trug im Moment des Auftauchens der
Beamten keine Pistole. Irgendwann früher hatte er seinem Adjutanten einmal gesagt, daß er sich nicht wehrlos festnehmen
lassen werde ...

». . . ZU MEINER LETZTEN SCHLACHT«

Nun war Roland von Hößlin zum Weizenkorn geworden, das in der stetig und in immer schnelleren Umdrehungen mahlenden Mühle des nationalsozialistischen Terrors zermahlen werden würde, wie Millionen anderer. Folgen wir ihm auf seinem demütigenden Weg in das Berliner Gestapogefängnis in der Tegeler Straße. Das Umkleiden unter Bewachung in seiner Meininger Wohnung, sein Weg hinunter zum Wagen, begleitet, hinter halbgeöffneten Türen, von den entsetzten Blicken der Mitbewohner des Hauses. Die Formalitäten in der Polizeiwache, die Fahrt zum Bahnhof, der Nachtzug nach Berlin, mit Handschellen an einen sprachlosen Unbekannten gefesselt. Die Nachtzüge nach Berlin, die er so oft, in der zweiten Klasse reisend, benutzt hatte. Wo würden sie ihn hinbringen? Wie lange hatte er noch zu leben? Und was würde alles vor dem Tode über ihn kommen? Hatte er irgendwelche Hoffnung, sich aus der tödlichen Verstrickung befreien zu können?

Hößlin mag sich den Kopf darüber zerbrochen haben, wer ihn angezeigt haben könnte. Auch die Zeitzeugen und Historiker haben darauf keine Antwort. Listen, das scheint sicher zu sein, die seinen Namen trugen, hat es keine gegeben. Hat man Verdacht aus seinem abgebrochenen Marsch vom 15. Juli geschöpft? Wenn ja, hätte das früher zu seiner Verhaftung führen müssen. Mitverschwörer aus dem engeren ostpreußischen Kreis, wie sein Nachbar und Freund Heinrich Graf Lehndorff oder sein unmittelbarer Putsch-Vorgesetzter Erdmann, könnten Hinweise gegeben haben. Beide sind schwer gefoltert worden. Jede Sicherheit scheidet aber hier aus. Schließlich haben Freunde nach dem Krieg sich an einen Abend in Meiningen kurz vor seiner Verhaftung im Hause des Stadtkommandanten

Grams erinnert, an dem auch der Kreisleiter teilgenommen habe, dem Hößlin »zynische Bemerkungen über das Regime« gemacht habe. Auch das reicht nicht für eine hinlängliche Erklärung seiner Festnahme. Aus einem Puzzle von Vernehmungen, Sicherstellung von Dokumenten, Briefen, Überprüfung der Offizierslisten des Bamberger Regiments sowie der Offiziere, die bei Stauffenberg im Heeresamt und beim OB des Ersatzheeres Besuch gemacht hatten, muß sich für die Untersuchungsbehörden der zwingende Schluß ergeben haben, daß Hößlin zum engsten Kreis der Verschwörer gehört haben mußte.

Dies wird dem Verhafteten auf dem langen Weg nach Berlin auch klar geworden sein. In Berlin brachte man ihn zunächst ins Gefängnis in der Lehrter Straße, das starke Spuren der Bombenangriffe trug, später dann in die Anstalt nach Tegel. Ein Mithäftling, Rechtsanwalt Dr. Franz Reisert, hat nach dem Krieg den Eltern sein Zusammentreffen mit Hößlin geschildert. Hier steht nun Roland von Hößlin, nunmehr Gefangener, in seiner ganzen menschlichen Größe vor uns, von einem Leidensgenossen in der Rückschau mit Wehmut vorgestellt:

Dr. Franz Reisert   *Prettelshofen b/Wertingen*
Rechtsanwalt   *15. Dezember 1945*
Hochverehrte, gnädige Frau!
Vor mir liegen die wundervollen Briefe Ihres Sohnes Roland, und vor mir im Geiste steht er wieder, so wie ich ihn kannte und nicht mehr vergessen kann.

Ich erinnere mich, wie ich ihn zum ersten Mal sah, als wir beide von der Lehrter Straße nach Tegel verbracht wurden und mit vielen unserer Schicksalsgenossen in dem kahlen Zimmer standen, in dem wir warten mußten, bis die Aufnahmeformalitäten vollzogen waren.

Ein schönes Äußeres zieht mich an, und so war es kein Wunder, daß mir Ihr Sohn sofort auffiel. Wir kamen ins Gespräch, und alsbald stellte sich heraus, daß wir Landsleute waren. In den paar Worten, die wir wechseln konnten unter der Aufsicht eines biederen und nachsichtigen Wachtmeisters, faßte ich eine warme Sympathie für Ihren Sohn. Aus seinen Augen leuchtete förmlich die Freude am Leben, ein strahlender Optimismus, der nicht glauben konnte, daß es irgendwie zu Ende sei.

»Daß ich sterben muß, glaube ich erst, wenn mich der Henker aufs Schafott schiebt«, sagte er mit einem sonnigen Lächeln, das seine wunderschönen Zähne sehen ließ.

[. . .] Wir sprachen von dem verhängnisvollen Einfluß des sogenannten Führers und der Partei, wir sprachen von den Hoffnungen, die ich noch glaubte, auf die Armee setzen zu können, worauf er mir mit tiefem Ernst versicherte, daß das Mißlingen des Attentats vom 20. Juli das Rückgrat der Armee gebrochen habe. Es befände sich in ihr kein mutiger Mann mehr, der es wagte, etwas gegen die verbrecherische Führung zu tun.

Wir wurden dann getrennt. [. . .] Bis zur Wiedervereinigung in der Lehrter Straße habe ich Ihren Sohn dann nur noch bei gelegentlichen Spaziergängen gesehen, an den ersten zwei oder drei Tagen gefesselt, trotz seiner Hand. Sprechen konnte ich ihn erst wieder, als wir anfangs Oktober in die Lehrter Straße zurückgebracht wurden.

Wieder standen wir beieinander in dem Rundturm des Gestapogefängnisses, von dem aus die Flügel zu den Zellen verliefen, in die wir kommen sollten, und warteten, bis wir das Büro passiert hatten, wo wir unsere Sachen abgeben mußten. Ihr Sohn hatte sich einen gesunden Appetit bewahrt, und ich war glücklich, ihm meine Brote geben zu können, die ich nicht brauchte und die er sofort zu verzehren begann.

Wir sprachen von unseren Aussichten in den kommenden Verhandlungen. Er hatte den ganzen Gleichmut des Solda-ten, und doch war eine leise Trauer in seiner Stimme, als er sagte, daß er schon glaube, daß er der meist Belastete sei im Kreise derer, die damals beieinander standen.

In der Hand hielt er ein Buch von Goethe [. . .]. Er hat es mir, als wir dann in unsere Zellen verlegt worden waren und eine persönliche Berührung und Aussprache nicht möglich war, durch die Wache überbringen lassen, wogegen ich ihm meine kleine Handausgabe des Neuen Testaments überließ.

[. . .] Weltanschauliche und religiöse Fragen haben wir nur kurz gestreift. Er war eine offenbar zu schamhafte Natur, um über seine Beziehung zu Gott zu sprechen. [. . .] Die Machthaber des Dritten Reiches werden auch ihn aus dem Heere ausgestoßen haben, bevor sie ihn dem Volksgerichtshof überstellten. Seine wahre Ehre konnten sie ihm damit nicht nehmen [. . .].

Er hat gewußt, daß es im Leben eines Volkes die Pflicht zum Hochverrat geben kann. Zur Erfüllung dieser Pflicht fühlte er sich aufgerufen von den Zerstörern Deutschlands, den Schändern deutscher Soldatenehre, den Mördern Millionen Unschuldiger. [. . .]

Hößlins Eltern wußten nichts von der Verhaftung ihres Sohnes. Offenbar hatte keiner von seinen Offizieren gewagt, diese anzuzeigen. Vielleicht hofften sie, der Kommandeur werde bald zurückkommen. Die Niedergeschlagenheit ihres Sohnes, wie sie in den jüngsten Briefen zum Ausdruck gekommen war, und seine plötzliche Todessehnsucht mögen die Eltern beunruhigt haben. Einen Verdacht, Roland sei in das Attentat verwickelt, konnten sie daraus nicht schöpfen. Als aber die immer sehr regelmäßigen Briefe Rolands ausblieben, gerieten sie in Sorge. Nach geraumer Zeit ständig wachsender Unruhe wandte sich General von Hößlin an seinen früheren Kommandierenden General, General der Infanterie Schroth:

Bächingen a/Brenz, 28. 9. 44
über Ulm a/D b/Gundelfingen a/D bayr. Schwaben
Hochgebietender Herr General der Infanterie!
Obwohl ich weiß, daß Herr General zur Zeit, da der Feind die Grenze des Wehrkreises XII bedroht, in außerordentlichem Maße in Anspruch genommen sind, habe ich mich doch entschlossen, mich im Vertrauen auf das mir stets in so hohem Maße zum Ausdruck gebrachte Wohlwollen an Herrn General in unserer großen Sorge zu wenden.

Wir sind seit 14. 8. 44 ohne jede Nachricht von unserem älteren Sohne Roland, der, am 1. 8. 44 zum Major befördert,

Kommandeur der Panzerausbildungsabteilung für Offizierbewerber in Meiningen (Juli 44 von Insterburg nach M. verlegt) ist. Es ist in unserer Familie der Brauch, daß Eltern und Kinder sich regelmäßig alle Wochen eine Nachricht geben. Wir haben diese Übung auch während des Einsatzes meines Sohnes in Afrika getreulich durchgehalten. Deshalb ist es außergewöhnlich, von meinem älteren Sohn die letzte Nachricht vom 14. 8. 44 zu haben, daß wir also volle sechs Wochen ohne jedes Lebenszeichen sind.

Ich habe bereits vor 14 Tagen an den Chef [des Stabes] des Wehrkreises IX eingeschrieben – bis jetzt ohne Erfolg – mich um Auskunft gewendet; vorgestern habe ich an den direkten Vorgesetzten Rolands, Generalleutnant Ritter von Hauenschild, geschrieben. Nachdem aber nun heute von der Panzerausbildungsabteilung für Offizierbewerber, vom Adjutanten unterschrieben, folgende Anfrage einlief:

»Die Abteilung bittet um Mitteilung, wohin das hier verbliebene Gepäck u.s.w. sowie der Hund von Major von Hößlin abgegeben werden können«, ersehe ich aus dieser, daß meine Vermutung, mein Sohn möchte in die Untersuchungsaktion vom 20. 7. 44 eingeschlossen sein, bestätigt zu sein scheint.

Wenn ich auch die Überzeugung habe, daß bei der einwandfrei positiven Einstellung Rolands zum nationalsozialistischen Staat ernstere Bedenken nicht vorliegen können, so werden Herr General dennoch verstehen, daß wir Eltern in schwerer Sorge sind, die durch die Ungewißheit in hohem Maße gesteigert ist. Denn wäre mein Sohn überraschend ins Feld abgestellt worden, was heute ja auch möglich wäre, dann hätte er jedenfalls so viel Zeit gefunden, seinen Eltern eine Karte zu schreiben und über seine Sachen kurze Verfügung zu treffen.

Daher bitte ich Herrn General, da ich aus der Zeitung entnommen habe, daß Herr General der Kommission angehören, die über den Verbleib der Offiziere in der Wehrmacht zu entscheiden hat, um Mitteilung, ob gegen Roland eine Untersuchung schwebt, ob mein Sohn in Untersuchungshaft genommen ist, ob man mit ihm in Verbindung treten kann – an ihn gerichtete Schreiben sind unbeantwortet geblieben – und was man für ihn tun kann.

Herr General dürfen überzeugt sein, daß es mir in Würdigung der Lage des Wehrkreises XII, die ich tagtäglich genau verfolge, Überwindung gekostet hat, Herrn General auch noch mit meinen persönlichen Schmerzen zu belasten. Wenn ich es tue, so nur, weil mein tief gegründetes Vertrauen in die große Güte und das Wohlwollen des Herrn General mir die Feder in die Hand gab.

Indem ich Herrn General bitte, der sehr verehrten Frau Gemahlin mit meinem Dank für das gütige Schreiben vom 20. meinen Handkuß zu übermitteln, bin ich in steter Verehrung und tiefer Dankbarkeit Herr General ganz ergebenster

von Hößlin

Der Brief ist ein erschütterndes Dokument der Zeit. Sein Stil, seine Abfassung, der ehrerbietige Ton entsprechen den Gepflogenheiten, welche in der alten Armee zwischen Offizieren unterschiedlichen Dienstgrades herrschten. Bei aller kühlen Beherrschung, die der Vater sich auferlegen muß, dringt doch aus jedem Satz die Verzweiflung über das Schicksal seines geliebten Sohnes. Spätestens bei Eingang der Anfrage des Adjutanten in Meiningen nach der Verfügung über Rolands persönliche Dinge muß ihm alles klar geworden sein. Nun wußte er, daß sein Sohn in die Verhaftungswelle nach dem 20. Juli hineingezogen war. Aber warum? Was hatte er getan? Sei es, um sich zu schützen, sei es, daß er dies wirklich glaubte, schreibt er an seinen Vorgesetzten, daß es an der einwandfreien Einstellung seines Sohnes zum nationalsozialistischen Staat keinen Zweifel geben könne. Wie konnte er auch wissen, daß sich im Inneren seines Sohnes seit geraumer Zeit ein Wandel in dieser Einstellung vollzogen hatte? In seinen Briefen hatte Roland dies nie angedeutet. Vater Hößlin wußte dagegen sehr genau, daß es zwischen Stauffenberg, dem Attentäter, und seinem Sohn vor dem 20. Juli wiederholte Kontakte gegeben hatte. Dies mindestens mußte für ihn ein Indiz sein, daß etwas passiert war.

Der Adressat des Schreibens, General der Infanterie Schroth in Wiesbaden, dem vom amerikanischen Vormarsch in Frankreich bedrohten westlichsten Wehrkreis des Reiches, saß im »Ehrenhof«, jenem auf Befehl Hitlers eingerichteten Tribunal der Wehrmacht, das die »Verräter« aus der Armee auszustoßen hatte. Nun, über zwei Monate nach dem Attentat, müßte er zumindest Gewißheit über Rolands Verbleib haben. Aber auch von dort kam keine Antwort.

Das Schreiben General Hößlins an den unmittelbarsten Vorgesetzten seines Sohnes, den Kommandeur der Schulen der Panzertruppen, General Ritter von Hauenschild, ging ebenfalls ins Leere. Erst sechs Tage nach dem Brief an Schroth erhielt der Vater endlich Auskunft, unaufgefordert und von unerwarteter Seite. Der stellvertretende Kommandierende General im Wehrkreis VII, in welchem der Standort Meiningen lag, teilte ihm kurz und amtlich mit, daß sein Sohn im Zusammenhang mit den Ereignissen des 20. Juli verhaftet und aus der Wehrmacht entlassen worden sei.

Nun war die schreckliche Gewißheit da. Der erschütterte Hößlin begriff, in welcher Gefahr sein Sohn schwebte. Nun galt es, das Schlimmste zu verhüten. Wie konnte das geschehen? Es gab nur zwei Institutionen, die über das Schicksal seines Sohnes zu befinden hatten: den Ehrenhof der Wehrmacht und den Volksgerichtshof. Hößlin wird sich kaum Illusionen über die Chancen einer auch irgendwie gearteten Gnadeneingabe gemacht haben. Aber in seiner Verzweiflung und seiner intimen Überzeugung, daß sein Sohn keinen Verrat hatte begehen und die Hand nicht gegen seinen Kriegsherrn hatte erheben wollen, griff er zur Feder und verfaßte eine Denkschrift, in der er den Weg seines Sohnes in die Verirrung nachzuzeichnen versuchte.

München, 5. 10. 1944
Generalmajor von Hößlin
Denkschrift über das Verhalten meines Sohnes Roland von Hößlin

Auf meine Bitte um Auskunft über meinen Sohn Roland, von dem ich seit 14. 8. 44 keine Nachricht mehr erhalten habe,

habe ich erfahren, daß er aus der Wehrmacht entlassen und dabei sei, vom Volksgericht wegen seines Verhaltens gelegentlich der Vorbereitungen zum Attentat des 20. 7. 44 abgeurteilt zu werden.

Roland von Hößlin hat selbst angegeben, daß er auf Befragen Stauffenbergs, ob er sich bei Änderung der Organisation der Spitzengliederung des Staates mit seiner Truppe zur Verfügung stelle, dies bejaht habe.

Ich bitte hierzu Folgendes ausführen zu dürfen: 1. Der Sinn der Anfrage war offenbar der, zu wissen, ob sich R.v.H. bei einem Staatsstreich, der die Spitzen des Staates betraf, zur Verfügung stelle. Mein Sohn scheint zugesagt zu haben. Dies war natürlich grundfalsch. Es muß aber entlastend eingeräumt werden, daß der Beschuldigte nicht voraussehen konnte, daß dieser Staatsstreich sich in den Formen des 20. 7. äußern würde. Es mußte sich diese Organisationsänderung gar nicht gegen den Führer selbst richten, es könnte sich auch z. B. um den Umbau der Umgebung des Führers handeln. Es brauchte sich also der Angeklagte bei seiner Zusage in keiner Weise über die tatsächliche Schwere der Folgen bewußt gewesen sein, u. U. nicht einmal über das Abwegige seiner Zusage.

2. Die Person, die die Frage an den Beklagten stellte, bedeutete für diesen eine starke Belastung. Stauffenberg stammte ebenso wie Roland aus dem Kavallerieregiment 17. Wenn auch beide kaum mehr zusammen im Regiment gestanden haben, so fällt hier der ausgesprochene Korpsgeist ins Gewicht, der die [Offiziere] in diesem Regiment (einziges Reiterregiment Bayerns im 100 000-Mann Heer!) zusammenhält. Es ist hier nicht etwa der »Graf« Stauffenberg, der hier eine besondere Anziehungskraft ausübt, die intimsten Freunde meines Sohnes waren der gefallene Frick und der frühere Regimentsadjutant Sauerbruch. Aber weil ein 17er an Roland herantrat, darum war er anfällig. Bei einer fremden Persönlichkeit wäre ihm vielleicht eine Zusage gar nicht in den Sinn gekommen, ihr hätte er wohl so, wie ich seine Einstellung kenne, sicher abgelehnt.

Der Name Stauffenberg kann dagegen mitgewirkt haben.

Dieser Name hatte in der alten bayerischen Kavallerie einen guten Klang. Der Vater Stauffenbergs war zwar württembergischer Offizier, aber der Onkel war Reserveoffizier des 1. bayerischen Ulanenregiments und dessen Sohn aktiver Offizier dieses Regiments. Beide genossen ob ihres Verhaltens im letzten Kriege im Verband der bayerischen Kavalleriedivision, die ihrerseits im Rahmen aller Kavalleriedivisionen des letzten Krieges einen besonders guten Ruf genoß, eine hohe Wertschätzung.

3. So kann es wohl sein, daß mein Sohn sich gar nicht bewußt wurde, als er die Zusage gab, daß er etwas tat, was er niemals durfte. Das Gewissen hat ihm vielleicht erst geschlagen, als er erfuhr, daß im Großen Hauptquartier die Bombe geplatzt war. Erst jetzt mag ihm die ganze Tragweite seiner Zusage klar geworden sein.

Die jungen Kommandeure, wie sie dieser Krieg geschaffen hat, sind die Männer der Tat und des raschen Entschlusses vor dem Feind, weil die Jugend vorbehaltloser ist als das erfahrene Alter. Aber in schwierigen Fragen, die auf das Gebiet der Politik hinüberreichen, da strauchelt einmal ein so junger Kommandeur mit der vorbehaltlosen Entschlußkraft. Er kommt auch da zum Entschluß, wo der erfahrene Alte aus zwei Weltkriegen und der Revolution von 1918 fragt: »Halt, was ist da los?«

4. Der Angeklagte hat in 10 ½ Jahren eine vielversprechende Soldatenlaufbahn durcheilt. Im 2. Offizierdienstjahr wird er durch Ernennung zum Abteilungsadjutant aus der Masse der jungen Offiziere herausgehoben. Als Adjutant einer selbständigen Abteilung zieht er 1939 ins Feld. Nach dem Polenfeldzug loben der Kommandierende General, der Chef des Generalstabes und der Divisionskommandeur die Leistung der Abteilung und erwähnen dabei die gute Arbeit des Adjutanten. In Afrika mit dem Ritterkreuz ausgezeichnet, hebt der Chef des Afrika-Korps [. . .] die Leistung des stellvertretenden Führers der Panzeraufklärungsabteilung in besonderem Maße hervor. Diese Äußerungen dürften ihren Niederschlag in den Beurteilungen meines Sohnes gefunden haben.

Für die ganze Familie wird der 20. 7. zum Tage bitterster Erkenntnis. Er vernichtet so oder so einen hoffnungsvollen Sohn, von dem man überzeugt ist, daß ihn das Vertrauen irregeführt und zum Entschluß aus dem Stegreif verführt hat, dessen Tragweite zu spät erkannt wurde. –
Zu vorstehenden Ausführungen habe ich als Grundlage lediglich die Kenntnis der kurzen Eröffnung des Stellv. Kommandierenden Generals VII. A. K. und die Kenntnis des Charakters und der Denkungsweise meines Sohnes, mit dem ich über die Angelegenheit weder gesprochen noch geschrieben habe.   von Hößlin

Hößlin versuchte also, seinen Sohn als Opfer einer Art Verführung darzustellen, deren Verführer der Regimentskamerad Stauffenberg, Zentralfigur des Umsturzversuches, war. Er mag sich beim Abfassen gefragt haben, ob dies bei einem Mann wie Freisler irgendwelchen Eindruck machen würde. Zu gut kannte er, aus der Presse und den Rundfunknachrichten, die Argumentation des Bluttribunals jedem gegenüber, der auch nur von ferne in die Angelegenheit 20. Juli verwickelt gewesen war. Auch das Argument, es hätte sich bei den Gesprächen zwischen seinem Sohn und Stauffenberg nur um Pläne zur »Änderung der Organisation der Spitzengliederung des Staates« gehandelt, muß ihm schwach erschienen sein. Wer, im fünften Kriegsjahr, bei der Änderung der Organisation an der Spitze des Staates mitmachen wollte oder auch nur im Kameradenkreis darüber theoretisierte, mußte dem Regime und seinen Häschern höchst verdächtig erscheinen. An der Spitze der Staatspyramide des totalitären Dritten Reiches stand der Führer Adolf Hitler und sonst niemand, und wer da etwas ändern wollte, mußte Hand an ihn legen.
Vater Hößlin muß dies gewußt haben, während er, nach Worten ringend, unterstützt von seiner verzweifelten Frau, diesen letzten Rettungsversuch unternahm. So blieb ihm nur die Hoffnung, die Richter mit der Darstellung eines tapferen jungen Offiziers und dekorierten Frontkämpfers zu erweichen, der, gewohnt, schnelle Entschlüsse zu fassen, in eine verhängnis-

146

volle Falle geschliddert war. Wir können nur ahnen, mit welchen Gefühlen die Eltern dieses Schreiben der Post anvertrauten.

Was General von Hößlin nicht wußte, war, daß sein Sohn inzwischen vor der Geheimen Staatspolizei umfangreiche Aussagen gemacht hatte. Aussagen, in denen seine Beteiligung an den Umsturzplänen sehr deutlich zum Ausdruck gekommen war. Daß also Entlastungsversuche keinerlei Aussicht auf Erfolg mehr hatten.

Am 9. September berichtete der »Chef der Sicherheitspolizei und des SD«, Kaltenbrunner, ausführlich über die »Durchführung des Ausnahmezustandes (Walküre) in Ostpreußen«. Darin wird nicht deutlich, inwieweit Hößlins Rolle dabei durch seine eigenen Aussagen oder die Aussagen anderer, etwa des Grafen Heinrich Lehndorff oder des Oberstleutnants Erdmann, aufgeklärt worden ist. Beide Letztgenannten waren bereits am 4. September hingerichtet worden. Hößlin wurde mit Sicherheit an den vier darauffolgenden Tagen weiter vernommen. So dürfen wir annehmen, daß die im Bericht Kaltenbrunners ihm zugeschriebenen Aussagen authentisch sind.

Hößlin hatte offenbar mit sich abgeschlossen. Seiner zupackenden, offenen, zuweilen harten Art, auch sich selbst gegenüber, entspricht es, daß er nun schonungslos seine Beteiligung am Putsch zugab und sie in allen Einzelheiten schilderte. Ob ihm die vernehmenden Beamten dabei durch Drohung oder Anwendung von Folter »auf die Sprünge halfen«, wie es im Gestapo-Jargon hieß, können wir nicht mehr feststellen. Vieles spricht für unsere Annahme, daß Hößlin in mannhafter Art sich zu seiner Verantwortung bekannte und damit dem sicheren Tod ins Auge sah.

Aus seiner Überzeugung, daß der Krieg verloren war, machte er keinen Hehl, ebenso wenig wie aus der daraus folgernden Erkenntnis, daß zu beenden sei. Im Kaltenbrunnerbericht wird er so zitiert:

»Zur augenblicklichen Situation des Krieges will ich noch bemerken, daß ich es für einen Wahnsinn hielt, nach Erschöpfung der Kampfkraft des Feldheeres in Deutschland einen Partisanenkrieg zu führen, nach zwei Fronten und gegen hochgerüstete moderne Heere. Einen Kampf der letzten Goten am Vesuv gibt es meines Erachtens für ein 80-Millionen-Volk nicht.«

Glaubt man dem Bericht Kaltenbrunners, hat Hößlin sich indes von Stauffenbergs Vorgehen distanziert. Er gab an, von einem »blinden Vertrauen« in die Person des Obersten geleitet gewesen zu sein, als er sich der Verschwörung zur Verfügung stellte. Dieses aber sei nun »bitter enttäuscht« worden. Dabei soll er angeblich das mißglückte Attentat mißbilligt haben. Hierzu wissen wir von Offizieren seiner Abteilung, daß Hößlin in der Tat nach dem 20. Juli ihnen gegenüber den Anschlag als »furchtbar« verurteilt hat, und zwar mit zwei Begründungen: weil ein Offizier die Hand gegen den obersten Befehlshaber erhob, dazu noch mit Sprengstoff (der in der deutschen Tradition als hinterhältig und schändlich gilt), und weil bei dem Anschlag das Leben anderer Kameraden gefährdet wurde, während der Attentäter mit heiler Haut davonkam.

Hier müssen wir innehalten. Was ist bei Hößlin innere Überzeugung, und was ist Schutzbehauptung, sowohl seinen Offizieren, wie vor allem der Gestapo gegenüber? Wir können es nicht wissen. Vorstellbar ist aber, daß der Schock des Attentats bei ihm, wie bei vielen Offizieren seiner Generation, eine spontane Negativ-Reaktion auslöste. Man muß das aus der ungeheuren Anspannung jener Zeit heraus verstehen. Das Vaterland war in höchster Gefahr. Täglich fielen buchstäblich Tausende, an der Front und in der Heimat. Die ständige Lebensgefahr und zermürbende nervliche Belastung erzeugten einen ungeheuren Solidarisierungseffekt, der der unablässigen Durchhalteparolen der Nazi-Propaganda gar nicht mehr bedurfte. Es gab einen wirklichen Schulterschluß aller Deutschen, dem sich auch jene nicht zu entziehen vermochten, die innerlich total mit dem herrschenden Regime gebrochen hatten. Es bedurfte der Charakterstärke, ja des Fanatismus eines Stauffenberg, um die Hemmschwelle zwischen Solidarität und Widerstand zu überwinden. Nur die, die ganz stark glaubten, brachten das fertig. Wer nach der einsamen Größe des deutschen Widerstands gegen den Hitler-Terror sucht, findet sie hier, im Kampf zwischen Treue zu

Volk und Vaterland und der missionarischen Gewißheit, diese Treue nur in der Beseitigung des Tyrannen ganz und gar vollziehen zu können.

Es mag sein, daß Roland von Hößlin einen Augenblick lang, in den quälenden Nächten der Untersuchungshaft und den kurzen, intensiven Verhören, schwankend geworden ist im Urteil über das, was vorgefallen war. Es mag auch sein, daß er sich von Stauffenberg distanzierte, um den Vernehmern gefällig zu sein, seine Verhöre abzukürzen und damit andere Leidensgenossen nicht in Gefahr bringen zu müssen. Wir können nicht nachvollziehen, was in einem Menschen in einer solchen Situation vor sich geht. Aber bei seiner Intelligenz und seiner schnellen Entscheidungsgabe hat Hößlin vermutlich instinktiv das getan, was ihn diesem Ziel näher brachte. Nicht, um seine Haut zu retten, aber um andere nicht zu gefährden.

Aus den Gestapoprotokollen über die Verhöre zum 20. Juli wissen wir, daß es zur Taktik der Verhörer gehörte, die zu Vernehmenden mit der Person Stauffenbergs zu konfrontieren und sie sich von ihm distanzieren zu lassen. So haben mehrere Offiziere zugegeben, unter einer Art Bann gestanden zu haben und unfähig gewesen zu sein, den überrollenden Argumenten des brillanten Offiziers etwas entgegenzusetzen. Stauffenberg sei ihnen wie ein Besessener erschienen, wie jemand, der fanatisch hassen könne. Einige verstiegen sich zu der Aussage, der Oberst sei ihnen zuweilen wie ein »Verrückter« vorgekommen. So soll auch Hößlin am Schluß der Vernehmung zur Person Stauffenbergs gesagt haben: »Mit der Kenntnis der Vorgänge des 20. Juli und der folgenden Nacht brach in mir eine ganze Vorstellungswelt zusammen.«

Die Taktik der Gestapo, falls eine solche beabsichtigt war, erscheint indes unverständlich. Stauffenberg vor der Justiz noch mehr anzuschwärzen war sinnlos, denn der Oberst war längst tot. Seine Mitverschworenen quasi als Opfer eines, noch dazu verrückten, Verführers hinzustellen, könnte nur darauf hinauslaufen, der Justiz eine Handhabe zur Milde zu liefern. Manche der jüngeren Verschwörer, unter ihnen Hößlin, waren hochdekorierte Frontkämpfer, blendend erzogen, intelligent und ohne

Furcht vor dem Tode. In vielem entsprachen sie dem Bild, das sich die Nationalsozialisten von einem Offizier machten, und so mögen sie die hartgesottenen Beamten beeindruckt haben, zumal viele der Angeschuldigten aus alten Adelsfamilien stammten, deren Mitglieder Deutschland Dienste erwiesen hatten. Da mag auch eine klassenbedingte Hochachtung mitgespielt haben. Zur Stützung dieser These soll hier ein Auszug aus dem Vernehmungsprotokoll vom 9. September 1944 dienen. Er zeigt, wie die Gestapo versucht, einen Reue-Effekt bei ihrem Opfer hervorzurufen, dem sich Hößlin allerdings männlich widersetzt, läßt aber auch eine Sachlichkeit der »Diskussion« erkennen, die nicht frei von Sympathie ist.

Frage: »Worin sehen Sie den Unterschied in der konsequenten Durchführung der Planung, nämlich der Ausführung des Attentats gegen den obersten Kriegsherrn, und der Tatsache der von Ihnen selbst in Kauf genommenen gewaltsamen Ausschaltung des obersten Kriegsherrn von der Führung?«

Antwort: »Darin ist moralisch kaum ein Unterschied zu sehen.«

Frage: »Warum haben Sie sich nicht nach der Tat gestellt, sondern die Entwicklung abgewartet?«

Antwort: »Der Gedanke der Selbststellung ist mir nicht gekommen.«

Frage: »Mußten Sie nicht nach allem, was vorangegangen war, sich vor sich selbst untreu erscheinen, wenn Sie in Ihrer Dienststellung, noch dazu eines Kommandeurs junger Offiziersbewerber, blieben, die Sie jetzt noch, umso mehr im Sinne der nationalsozialistischen Führung ausrichten sollten?«

Antwort: »Nach Scheitern meiner Pläne und Absichten sah ich meine Aufgabe darin, durch Pflichterfüllung in meinem kleinen Rahmen möglichst viel für Deutschland leisten zu können. Die NS-Führung lag in den Händen meiner Kompaniechefs. Auf meinem Gebiet sorgte ich für die Durchfüh-

150

rung der von oben gegebenen Befehle. Ich setzte mich mit Schwerpunkt ein für die Erziehung der Offiziersbewerber zu offiziersmäßiger Haltung und Denken und für deren taktische Ausbildung zum Gruppenführer.«

Frage: »Darin sollte sich aber gerade nicht allein Ihre offiziersmäßige Führung erschöpfen. War Ihnen das denn nicht gerade nach dem 20. Juli mehr denn je klar geworden?«

Antwort: »Das ist mir klar, aber ich konnte nicht mit dem Mund Dinge predigen, gegen die ich selbst verstoßen hatte.«

Frage: »Haben Sie sich vor oder nach dem 20. Juli einem Vorgesetzten anvertraut oder ihm Meldung erstattet?«

Antwort: »Nein.«

Frage: »Warum nicht?«

Antwort: »Der Gedanke ist mir nicht gekommen.«

Mit diesem Dialog war Hößlins Vernehmung abgeschlossen. Von nun an konnte der Gefangene sich nicht mehr die geringste Illusion über sein Schicksal machen. Abgesehen von kurzen Befragungen zu verschiedenen Sachgebieten des militärischen Dienstbetriebs in den darauffolgenden Tagen, ist er dann von der Gestapo auch nicht mehr behelligt worden. Nun wartete er auf seine Aburteilung. Das Warten sollte noch sechs lange Wochen dauern.

Kurz nach Abschluß seiner Vernehmungen, am 14. September, wurde Hößlin vom »Ehrenhof« aus der Wehrmacht entlassen, »entlassen« und nicht ausgestoßen. Die andere Wortwahl mag, angesichts des jungen Ritterkreuzträgers, einem Aufruhr des Gewissens bei den älteren Generalen entsprungen sein, die, unter Vorsitz des Feldmarschalls von Rundstedt, über die Entfernung der Umstürzler zu entscheiden hatten. Nun war Hößlin nicht mehr der Wehrmachtsgerichtsbarkeit, sondern dem Volksgericht Freislers überantwortet, wie alle seine Leidensgenossen.

Seit dem 14. August, dem Datum seines letzten Briefes aus

Meiningen, haben wir kein direktes Zeugnis mehr von ihm, das uns über seine Stimmungslage Auskunft geben könnte. Nun aber, am 30. September, meldet er sich zu Wort, endlich, in einem Brief an die Eltern in München. Er kommt noch aus dem Strafgefängnis Tegel, und er ist das drittletzte Zeugnis seines Lebens für die Nachwelt. Was er, im Vorhof des Todes, dieser hinterlassen hat, ist ein Crescendo menschlicher Würde und Größe. Es stellt, zusammen mit anderen Zeugnissen des deutschen Widerstandes, das erhabenste Erbe dar, das uns aus der dunkelsten Epoche der deutschen Geschichte überkommen ist, und darf Anspruch auf Eingang in die Weltliteratur erheben.

Strafgefängnis Berlin-Tegel   *Gefängnis 1*
Name: von Hößlin   *Vorname: Roland*
Zugangsliste Nr. 1453

                        30. September 1944

Liebe Eltern!

Die Möglichkeit, daß diese Zeilen in Eure Hände gelangen, ist mir eine ganz große Freude. Meine Vernehmungen sind schon seit 1. 9. abgeschlossen. Seitdem habe ich nie mehr etwas in meiner Sache gehört. Ich schwebe in völliger Ungewißheit, bin aber auf alles gefaßt. Auch das Äußerste schreckt mich nicht. Nur im Hinblick auf Euch treibt es mir manchmal heiße Tränen in die Augen. Wenn man vor solch einer Entscheidung steht wie ich jetzt, sieht man alle Dinge klarer und tiefer, wie die Landschaft von einem hohen Berge an einem sonnigen Septembertag. Ich habe in diesen Tagen ganz zu meinem Gott in mir und über mir gefunden. Das Sittliche offenbarte sich mir als höchstes Ziel und einziger Wertmesser des Lebens. Ich glaube an die Unsterblichkeit der Seele und daß der Tod nur ein Tor zu einer höheren Freiheit ist.

Ich habe diese Wochen gefühlt, welch tiefe Liebe uns verbindet, wie Ihr mit mir leidet, ja vielleicht viel mehr als ich. Mein Tod wäre nur für Euch eine Strafe; sollten die Bande der Liebe zwischen uns zerrissen werden, so weiß ich, daß für den Rest Eures Lebens eine schmerzende Narbe in Eurem Herzen bliebe. Ihr werdet jedoch Trost in Eurem Glauben finden.

Meine äußeren Lebensumstände berühren mich kaum mehr. Meine Augen sind ganz nach innen gekehrt. Seit 10. September, als ich Hafterleichterung genehmigt bekam, beschäftige ich mich mit einem Band Goethescher Gedichte und einem mit Goethescher Lebensweisheit; »Goethe als Begleiter« heißt letzterer. Gerade dadurch erschließt sich mir dieser Genius wie eine neue Welt. Schon während ich meine Stube fege, deklamiere ich mir vor: »Wenn im Unendlichen dasselbe sich wiederholend ewig fließt . . .«.

Essen hier gut und so genügend, um einen bei Existenz zu halten. Behandlung sachlich, einwandfrei. Da nur für Sommer eingerichtet, friere ich viel. Ich schreibe mit gleicher Post Leutnant Krämer in Meiningen und werde um Wintermantel, Pullover, Skistiefel, fünf Paar Wollsocken, lange Unterhosen, Schlafanzug bitten, orthopädischer Pelzhandschuh, Pulswärmer, warme Handschuhe. Ich weiß aber nicht sicher, ob meine Abteilung und Leutnant Krämer noch da sind. Macht bitte Gegenprobe. [. . .]

Neben allem Ernst bin ich voll Hoffnung. Dum spiro, spero [Solange ich atme, hoffe ich].   Es umarmt Euch in Liebe
Euer treuer Sohn
Roland

Außer an seinen ehemaligen Adjutanten in Meiningen wandte sich Hößlin aus dem Gefängnis auch an die Familie seines Freundes Sauerbruch, in der er ein Jahr zuvor während seines Aufenthalts in der Charité so herzliche Aufnahme gefunden hatte. Was er nicht wissen konnte, war, daß sein Freund Peter Sauerbruch im September ebenfalls verhaftet worden war und gleichzeitig im Hauptquartier der Gestapo in der Prinz-Albrecht-Straße verhört wurde. Sauerbruchs Mutter wußte davon. Aus Furcht, ihren Sohn zu belasten oder selbst verstrickt zu werden, hat sie den Brief Hößlins nie beantwortet.

Inzwischen hatte die quälende Ungewißheit der Eltern in München täglich zugenommen. Nicht nur kam kein Lebenszeichen von ihrem Sohn, auch die Adressaten, an die sie sich um Hilfe gewandt hatten, antworteten nicht. Erst am 10. Oktober erhielt Vater Hößlin ein Schreiben vom Kommandeur der Schulen der Panzertruppen, General von Hauenschild, den er über sechs Wochen zuvor um Auskunft über seinen Untergebenen ersucht hatte. Ein Schreiben von eisiger Kälte, welches das Blut in den Adern gerinnen läßt und einen Hinweis gibt auf den Geist in der Zeit einer Tyrannis.

von Hauenschild   *Berlin-Wilmersdorf, den 10. 10. 1944*
Generalleutnant und   *Fehrbelliner Platz 4*
Kommandeur der Schulen
der Panzertruppen

Einschreiben!

Sehr geehrter Herr von Hößlin!
Soeben erhielt ich Ihren Brief vom 26. 9. Auf welchem Wege er an mich gelangte, ist nicht ersichtlich. Ich bedaure, Ihnen über Ihren Sohn nichts Näheres mitteilen zu können. Ich bin erstaunt, daß Sie offensichtlich nicht wissen, daß er schon vor Wochen verhaftet wurde. Anscheinend im Zusammenhang mit dem 20. 7. Wo er sich befindet, ahne ich nicht. Die Gestapo wird Ihnen vielleicht darüber Auskunft geben.
Heil Hitler!
v. Hauenschild

Ein weiterer Adressat, der alte Freund General Schroth, konnte nicht mehr selber antworten. Er war am 6. Oktober einem Auto-Unfall zum Opfer gefallen. Statt seiner antwortete die Sekretärin, die Vater Hößlin noch aus seiner Zeit beim Wehrkreis XII in Wiesbaden kannte. Auch sie schrieb nur kurz, aber bezeichnend für die Zeit. Sie schickte das an Schroth gerichtete Schreiben Hößlins zurück, mit dem Hinweis, »damit es nicht in unbefugte Hände kommt«. Erst sehr viel später, nach dem Kriege, hat diese gute Frau der Familie geschildert, in welch schweren inneren Kämpfen sie und ihr General am Schicksal der Familie Hößlin Anteil genommen hatten. Der Terror dieser Oktobertage 1944 schloß ihr aber die Lippen.
Ein anderer Adressat, an den sich der Vater des Gefangenen

gewandt hatte, war der General der Infanterie Karl Kriebel, auch er ein Mitglied des Ehrenhofs. Auch er mußte bekennen, daß ihm eine Hilfe nicht möglich gewesen war. Aber er hatte den Mut und das Herz, dem schwer geprüften Freund auf offiziellem Briefbogen in aller Länge darzustellen, was er alles zur Rettung unternommen hatte. Er hatte sogar den gefürchteten »Gestapo-Müller« in der Höhle des Löwen aufgesucht.

München, den 22. 10. 44

Sehr verehrter Herr v. Hößlin!
Als ich von der Ehrenhofsitzung zurückkam, fand ich Ihr zweites Gnadengesuch vor.

Ich hatte, wie zugesagt, in Berlin mit dem Berichterstatter, SS-Gruppenführer Müller, gesprochen, der sich, wie ich Ihnen gesagt hatte, so warm für Ihren Sohn einsetzte. Ich besprach nochmals den Fall. Auf Grund der bisherigen Erfahrung konnte er mir sagen, daß solche Gesuche gänzlich zwecklos seien, da das Gericht seine Meinung sich ganz unabhängig bilde. Er nahm daher das Gesuch nicht entgegen. Ich habe daher davon abgesehen, es mit dem zweiten Gesuch nochmals zu versuchen.

Wenn Sie es wünschen, kann ich beide Gesuche dem Heerespersonalamt, Generalleutnant Maisel zuschicken, der ja bei den Sitzungen des Volksgerichtshofes als Protokollführer bestimmt ist. Allerdings verspreche ich mir keinerlei Erfolg davon, so menschlich richtig und gut ich auch Ihre Darlegungen finde.

Ich belasse also beide Gesuche bei mir, bis ich von Ihnen weitere Nachricht erhalte.

Meine Abwesenheit in der vergangenen Woche verhinderte mich leider, Ihnen den gewiß sehnsüchtig erwarteten Bescheid zukommen zu lassen.

Mit kameradschaftlichem Gruß und
Heil Hitler!
Ihr ergebener
Kriebel

Später, nach Roland von Hößlins Tod, fand der General noch einmal den Mut, sich zu dem Opfer und seiner Familie in Freundschaft und Mitgefühl zu bekennen.

Für Roland hingegen war nun die Stunde der letzten Prüfung gekommen. Die Tag und Nacht Überstunden machende Terror-Justiz Hitlers hatte die Verhandlung des ehemaligen Majors von Hößlin auf den 13. Oktober angesetzt. Das wurde Roland am Abend des 11. Oktober von seinem Pflichtverteidiger, Dr. Boden, in seiner Zelle mitgeteilt. Roland hatte eine Nacht Zeit, sich zu sammeln. Dann schrieb er seinen Eltern und Geschwistern einen langen Brief, von dem er annahm, daß es der letzte sein würde.

Donnerstag, 12. Oktober 44

Meine lieben Eltern und Geschwister!

Gestern abend besuchte mich mein amtlich bestellter Verteidiger; er kündigte mir meine Verhandlung für morgen an und eröffnete mir dabei, daß nach Lage meiner Sache ein anderes als ein Todesurteil nicht zu erwarten sei.

Ich trete also an zu meiner letzten Schlacht. Wieder stehe ich in der Wüste. Ihre Grenzenlosigkeit geht über in die Unendlichkeit des Universums. Neben mir und um mich spritzen heulend die Fontänen krepierender Granaten auf. Doch diesmal weiß ich, das Schicksal ist unausweichlich, im nächsten Augenblick wird es auch dich treffen. Mein Herz bebt, aber es wankt nicht. Es bleibt mir nur noch der Schmerz der Todessekunde. Doch darüber darf ich nicht klagen, denn was ist er gegen den Riß, der Euer Herz zerreißt, Ihr lieben, lieben Eltern! Wie dachte ich mir's so herrlich, sittlich und seelisch geläutert aus dieser Gefängniszeit hervorzugehen und in vielfach verstärkter und gereinigter Liebe zu Euch und den Geschwistern Eure künftigen Tage zu verschönern. Jetzt kann ich Euch nur mehr die Versicherung meiner heißen Liebe als Trost zurufen. Sie wird uns auch über das Grab hinaus verbinden, denn sie ist ewig, die erhabenste Idee des Schöpfers.

Bitte trauert nicht allzu heftig über mich! Ihr wißt, ich habe auch selten den Kopf hängen lassen. Wie schön ist doch das Leben, wie schön nur, jeden Tag die Sonne aufgehen zu sehen! Denkt, daß auch Ihr Hinübergehende seid und daß wir uns wiedertreffen im Hause des ewigen Vaters. Lebt in der Welt des Geistigen, das mich immer so unwiderstehlich anzog, des Guten, Schönen und Wahren, dann werden wir verbunden sein durch zwei Welten!

Ich bitte Gott, Euch, lieben Eltern, die Geschwister als Trost zu erhalten. Ihr, Hartmut und Luitgard, schließt Euch enger um die Eltern und schließt die bescheidene Lücke!

Meine äußere Ehre als Offizier ist mir genommen. Der Erfolg und die Tatsachen sprechen gegen mich. Das letzte Urteil spricht die unbestechliche Geschichte. Ich mag geirrt haben. Der Antrieb meines Handelns war jedoch nur die Pflicht. Ich fühle meine innere Ehre unverletzt.

Ich danke Gott für die große Gnade, daß er sich mir in sieben Wochen innerer Einkehr in stiller Zelle in seiner ganzen Größe und Herrlichkeit offenbart hat. Ich beuge mich vor ihm, bekenne meine Sünden und bitte in Demut um Gnade und Vergebung.

Ja, meine Gewißheit Gottes ist so groß, daß ich innerlich und äußerlich ganz ruhig und gefaßt bin. Ihr könnt es an meinen Schriftzügen ablesen. Meine tiefinnere Heiterkeit ist unbesieglich.

Über mein Eigentum, das sicher dem Staat verfällt, werde ich noch eine Erklärung abzugeben suchen. Laßt Euch das, was euch gehört, nicht nehmen, Teppich, Möbel, Bücher und Bilder. Lest hinterlassene Freundesbriefe und mein Tagebuch 1940 nicht. Es sind viel abgestreifte Schlangenhäute dabei. [. . .]

Nun, meine Lieben, ein letzter inniger Kuß, eine letzte Umarmung, wir müssen scheiden. Ich steige meinen letzten Weg, einen steilen, steinigen Berg hinauf. Noch oft wende ich mich um. Ihr werdet kleiner und kleiner. Jetzt trennen Nebelwolken unsere Blicke, doch unsere Herzen schlagen in Liebe zueinander. Ewig! Ewig! Wir! Eltern, Hartmut, Luitgard – und Roland.

157

Wenn einmal etwas Gras gewachsen sein wird über den von Grund aufgewühlten Acker dieser Zeit, dann schickt bitte Abschriften meiner letzten Worte an meine Freunde, denen ich noch folgende hinzufüge:

Nur noch wenige Stunden trennen mich von den Unvergeßlichen, die in diesem Kriege ihr Leben geopfert haben. Ich bin sicher, sie werden auch mich, den Verräter, nicht ausschließen, sondern dem die Hand reichen, der durch seinen Tod gesühnt hat, was er etwa im Leben versiebt hat.

Euch Überlebenden danke ich, daß Ihr mich mit Eurer herzlichen Zuneigung beglückt habt. Die schönsten Stunden der letzten zehn Jahre sind mit Euren Namen und mit so manchem Schloß in Franken, Hessen und Chiemgau verknüpft.

Ich lasse Euch zurück. Ihr werdet in den nächsten Jahren hart zu kämpfen und zu arbeiten haben. Diese werden Euch viel Schmerzen, wenig Glück bringen. Gebt aber die Hoffnung nicht auf, die Sonne wird eines Tages wieder in vollem Glanz durchbrechen. Haltet bis dahin Eure Herzen offen für die kleinen Beglückungen des Alltags. Leben, Freiheit, Liebe und Sonne! Wie schön ist das alles!

Wenn einmal zwei oder drei von Euch zusammenkommen und Ihr wollt mir etwas Gutes antun, dann holt eine gute Flasche aus dem Keller und denkt an mich. Dann lacht nochmal recht kräftig über die Marotten von Eurem Marquis und auch über die extravagante Todesart, die er sich ausgesucht hat. Dann will ich zu Euch kommen. Ich drück' mich im Himmel und versteck' meine Harfe in einer dunklen Wolke. Hört! Hört Ihr nicht? Geht da nicht ein Luftzug durchs Zimmer? Das bin ich! Ich dränge mich an Eure leicht beschlagenen Gläser und nippe für eine Stunde Erinnerung – und lache mit Euch!

»Es sei auch, wie es sei – das Leben, es ist gut!«

Für immer
Euer Roland

Lassen wir das Dokument auf uns wirken. Die Hinwendung zum Schöpfer, die Erhabenheit der Seele, die heiße Liebe zu denen, die ihn in die Welt gesetzt, ihn großgezogen hatten und deren Schmerz er stärker empfindet als den »Schmerz der Todessekunde«. Es ist charakteristisch für ihn, daß er in der Betrachtung des nahen Todes an die Front zurückdenkt, an die Zeit, in der der »Tod so permanent« war, wie Hemingway das in einem seiner Bücher sagt. Und hier wollen auch wir noch einmal zurückblenden. Wir haben das Zeugnis eines Mannes, der unter Roland von Hößlin als Kradmelder an der afrikanischen Front diente. Kradmelder waren tapfere Leute, die ihrem Job meist im Kugelhagel nachzugehen hatten. Aber sie hatten auch die Zeit, ihre Vorgesetzten zu beobachten. Und das sagt der ehemalige Melder und spätere Industrielle, Günther Leipold aus Annweiler in der Pfalz, über seinen ehemaligen Vorgesetzten in einem Brief aus den siebziger Jahren an dessen Bruder Hartmut:

»Es hätte nie zu Ihrem Herrn Bruder gepaßt, daß er, auch im schwersten Feuer, Schutz gesucht hätte. Hier ein paar Beispiele, die so ganz typisch für ihn waren:

Ziemlich am Anfang des Vormarsches, als wir von englischer Artillerie schwereren Kalibers beschossen wurden, wußte unser Kommandeur nicht, um was für Geschütze es sich handelte. Er beriet sich deshalb mit Ihrem Herrn Bruder. Ich sehe ihn noch heute vor mir, aufrecht wie die Statue eines Feldherrn des alten Griechenland, in seinem offenen PKW stehen neben dem 8rädrigen Panzerspähwagen unseres Kommandeurs, der jedesmal in dem Spähwagen verschwand, wenn der Tommy wieder eine Salve schickte und die Splitter durch die Luft flogen. Ihr Herr Bruder wartete dann geduldig, bis unser Kommandeur wieder auftauchte. Dann sprachen die Herren weiter miteinander. Diese Szene, daß der Kommandeur in seinem gepanzerten Wagen untertauchte und Ihr Herr Bruder solange aufrecht stehend wartete, bis der Kommandeur wieder auftauchte, wiederholte sich mehrere Male; schließlich rief Ihr Herr Bruder mich, und er stieg in meinen Wagen, um nun in Richtung Feind zu fahren.«

Die »extravagante Todesart«, die der Marquis sich ausgesucht hatte – sie muß ihn stärker, als er es sich innerlich eingestand, beschäftigt haben. Dennoch wußte er sich mit jenem tiefsinnigen Humor, den Kameraden immer an ihm gefunden hatten, über alle Furcht hinwegzusetzen.

Die Verhandlung vor dem Volksgerichtshof am Tag darauf war kurz, wie alle anderen, die den 20. Juli zum Gegenstand hatten. Das Wort Verhandlung erübrigt sich. Es gab ein vorher festgelegtes Urteil und einen je nach Person des Angeklagten kürzeren oder längeren Monolog Freislers, der sich weniger an den Delinquenten, als an die im Saal anwesenden »Zuschauer«, meist Offiziere, SS-Funktionäre und hohe Parteibeamte richtete. Außer Roland von Hößlin standen an diesem 13. Oktober 1944, einem kühlen, aber sonnigen Herbsttag, noch die Angeklagten Friedrich Scholz-Babisch, Hans-Jürgen Graf Blumenthal und Georg Schulze-Büttger vor ihrem Richter. Sie alle waren, wie Hößlin, irgendwie in die Vorbereitung des Putsches verwickelt gewesen oder hatten davon Kenntnis erhalten und die Sache nicht angezeigt. Sie alle wußten, wie Hößlin, welcher Urteilsspruch auf sie wartete. Ihre vier »Pflichtverteidiger« kamen nur kurz am Schluß zu Wort, wobei sie die übliche Bitte um ein »gnädiges Urteil« vortrugen. Es war jene »Karikatur der Justiz«, die totalitären Regimen innewohnt.

Das Regime hat die Verhandlungen zum 20. Juli filmen lassen. Wir verfügen über eine Rolle, in der der Prozeß gegen die vier Angeklagten des 13. Oktober bruchstückhaft abgelichtet ist. Wir haben ferner einen Brief des Offizialverteidigers Roland von Hößlins, Rechtsanwalt Hellmuth Boden aus Berlin, vom 6. Januar 1947 an die Eltern, in dem dieser seine Erinnerungen an jenen Tag wiedergibt. Wir sehen Roland von Hößlin in der Reihe der Angeklagten und Schutzpolizisten, mit dem Rücken zur Wand eines an diesem Tag fast leeren Saales. Er trug einen grauen Anzug und ein weißes Hemd ohne Krawatte, wie alle anderen Angeklagten. Wir sehen ihn vor dem Richter stehen, aufrecht, unerschrocken, mit der Linken auf eine Stuhllehne gestützt, den rechten, verkrüppelten Arm leblos herunterhängend, seine Augen lebhaft und rasch von links nach rechts gehend, die Reihe der Beisitzer Freislers abtastend, darunter ein stiernackiger General mit kahlem Schädel, wie er in Horrorfilmen Hollywoods nicht besser hätte erfinden sein können. Hößlins Ausdruck ist der einer gewissen Überraschung, fast Belustigung über das Spektakel, das sich ihm darbietet. Es ist der Ausdruck, den wir auch bei anderen Angeklagten finden, die diesem Richter zum ersten Mal gegenüberstehen, den sie ja nicht kannten und mit dessen maßlosen Ausfällen sie sich nun abzufinden hatten, wehrlos und fast wortlos.

Freisler referierte zunächst rasch und emotionslos über den Werdegang des Angeklagten, wobei er mehr auf dessen lange Verwendung in der Heimat als die Verdienste an der Front einging. Das gehörte zu dem üblichen Bestreben, den »Verräter« möglichst auch noch als Drückeberger darzustellen. Bei Hößlin kam er damit aber nicht recht durch, und im späteren Verlauf des Monologs rang sich Freisler immerhin das Geständnis ab, daß es »furchtbar« sei, einen so tapferen Offizier »jetzt hier« zu sehen. Er fügte noch hinzu: »Ihr Schicksal war Stauffenberg«, woraus sich ableiten ließe, daß er, ähnlich wie die Gestapobeamten, zur »Verführungstheorie« neigte.

Das aber änderte nichts am vorgefaßten Urteil. Hößlin war kaum zu Wort gekommen. Sein Versuch, seine Aktion in der Putschvorbereitung in irgendeinen größeren Zusammenhang zu stellen, wurde von Freisler abgewürgt. Nach äußerst kurzer Beratung des Gerichts wurde das Urteil gefällt, dessen Begründung, im Wortlaut fast identisch mit der anderer Urteile, noch einmal die ganze Willkür der nationalsozialistischen Justizperversion vor Augen führt:

»Im Namen des deutschen Volkes:
Georg Schulze-Büttger, Hans-Jürgen Graf Blumenthal, Roland von Hößlin und Friedrich Scholz-Babisch haben lange vorher von dem Verratsplan des 20. Juli gewußt, ihn nicht gemeldet und dadurch mit reifen lassen. Dadurch sind sie für immer ehrlos, mitschuldig geworden an dem schwersten Verrat, den unsere Geschichte kennt. [Sie] stehen als Verräter in einer Reihe mit dem Meuchelmörder Graf von Stauffenberg.

Mit ihm verrieten sie alles, was wir sind und wofür wir kämpfen. Sie verrieten das Opfer unserer Krieger, verrieten Volk, Führer und Reich. Sie hatten Teil an einem Verrat, der uns wehrlos unseren Todfeinden ausgeliefert hätte. Dafür werden sie mit dem Tode bestaft.«

Fügen wir, zur Illustration nationalsozialistischen »Gedankenguts«, eine Urteilsbegründung an, die Freisler nach dem Todesurteil gegen eine andere Riege Unglücklicher verlas:
»Wer so handelt, hat sich für immer außerhalb unserer Gemeinschaft gestellt. Wir wollen als Volk rein und sauber in diesem schweren Ringen kämpfen. Deshalb müssen wir den absoluten Scheidungsschnitt zu diesen Verrätern machen. Schon um der Sauberkeit willen müssen sie mit dem Tode bestraft werden. Wir müssen sicher sein, daß wir auch künftig von solchen Verrätern in unserer geballten Kraft für unseren Sieg nicht gehemmt werden.«
Um der Sauberkeit willen. Diesem Reinheitsgebot der Nationalsozialisten sind nicht nur die Verschwörer des 20. Juli, sind Millionen anderer Unschuldiger zum Opfer gefallen.

Der Weg vom Gerichtssaal zum Galgen war kurz. Die Gefangenen kamen nicht mehr in ihre Gestapozellen in der Lehrter Straße zurück, sondern wurden der Hinrichtungsstätte in Berlin-Plötzensee überstellt. Hier erhielt Hößlin, entgegen seinen Erwartungen, noch einmal eine Gelegenheit zum Schreiben. Auf dem engen Platz, den ihm das übliche DIN A 5-Gefängnisformular für die Todgeweihten ließ, richtete er kurz nach seiner Verurteilung ein letztes Wort an seine Eltern.

Name des Briefschreibers: *Berlin-Plötzensee, den 13. X. 1944*
von Hößlin   *Königsdamm 7*
Liebe Eltern!
Ich bin heute vom Volksgericht zum Tode verurteilt worden, in wenigen Minuten wird mein Leben gelöscht werden. Ich fürchte den Tod nicht. Mit Gott habe ich abgerechnet, er hat mir dafür seinen Frieden und seine himmlische Ruhe ins

Herz gesenkt. Ich bin heiter und gefaßt, mein Geist lebt schon in der anderen Welt.

Noch einmal wende ich mich auf meinem letzten Weg zu Euch um. Für Euch ist mein Tod am schmerzlichsten. Ihr armen, vielgeliebten Eltern! Ich bete zu Gott, er möge aus dem Schatz seiner überreichen Gnade und Liebe Euch Trost für die Seele spenden. Er erhalte Euch die Geschwister als Stütze und Freude für die Jahrzehnte Eures Alters. An die Erde bindet mich nichts mehr, meine Seele breitet sich zum Flug, sie schwebt schon über den Dingen. Nur das Gefühl heißer, ewiger Liebe zu Euch nimmt sie mit. Sie wird uns verbinden bis an das Ende aller Tage.

Euch, meinen Geschwistern, wünsche ich eine harmonische, glückliche Rundung Eurer Lebensbahn: Familienglück, Erfolg im Beruf und sonnige, gottbegnadete Tage. Schließt Euch eng um die Eltern und füllt meine bescheidene Lücke.

Gruß an Großpapa und alle Verwandten! Dank denen, die mir Gutes angetan. Dank Euch Eltern für das Leben, das Ihr mir geschenkt, und Eure selbstverleugnende Liebe. Das Leben, es war schön! Ich umarme Euch zum allerletzten Male als   Euer Euch ewig liebender
Sohn und Bruder
Roland

Noch am gleichen Tage wurde Roland von Hößlin in der Hinrichtungsbaracke von Plötzensee, die heute ein Denkmal des Widerstandes ist, dem Henker überantwortet. Es gibt keine Zeugen seines Todes. Auch der protestantische Gefängnispfarrer von Plötzensee, Poelchau, der so viele Verurteilte auf ihrem letzten Gang begleitete, konnte ihn, wie er nach dem Krieg den Eltern mitteilte, nicht mehr sehen. Es muß alles sehr schnell gegangen sein. Roland von Hößlin wird aufrecht in den Tod gegangen sein und, wie er schreibt, »innerlich heiter«. Was ihn moralisch stützte, hatte er in seinem vorletzten Abschiedsbrief der Nachwelt hinterlassen: »Meine äußere Ehre als Offizier ist mir genommen. Der Erfolg und die Tatsachen sprechen gegen mich. Das letzte Urteil spricht die unbestechliche Geschichte.

163

Der Antrieb meines Handelns war nur die Pflicht. Ich fühle meine innere Ehre unverletzt.«

Mit dieser Gewißheit mögen viele seiner Leidensgenossen den letzten Gang angetreten haben. Die Geschichte, die unbestechliche, hat ihr Urteil längst gesprochen.

Die Vollstreckungsbehörde übersandte der Familie die übliche Benachrichtigung.

Der Oberreichsanwalt   *Berlin W 8, den 14. Oktober 1944*
beim Volksgerichtshof   *Bellevuestr. 15*
Geschäftszeichen: O J 25/44
An
Herrn Generalmajor Hubert von Hößlin
in
Wiesbaden.
XIII AK

Der ehemalige Major Roland von Hößlin ist vom Volksgerichtshof des Großdeutschen Reiches wegen Hoch- und Landesverrats zum Tode verurteilt worden.

Das Urteil ist am 13. Oktober 1944 vollstreckt. Die Veröffentlichung einer Todesanzeige ist unzulässig.

Im Auftrage
[hs. Unterschrift]

Diese Mitteilung traf jedoch, wie auch die letzten Briefe des Sohnes, erst am 15. November bei den Eltern ein. Vielleicht lag es an der zusammenbrechenden Post in diesen letzten Kriegsmonaten. Vielleicht war es aber auch bewußte Schikane der Behörden, die Angehörigen der Exekutierten möglichst lange über deren Schicksal im Ungewissen zu lassen. Der Verdacht erhärtet sich, wenn wir in den Erinnerungen anderer betroffener Familien, wie etwa bei den Marogna-Redwitz oder den Schwerins, Hinweise auf die gleiche Verfahrensweise finden. Denkbar ist die Methode bei dem Haß, mit dem die Nationalsozialisten ihre Opfer bis über den Tod hinaus verfolgten, durchaus.

Es folgten die üblichen Beileidsbekundungen. Sie waren zahlreich und erschütternd in ihrer Aufrichtigkeit und ihrem

164

Bekenntnis zum Opfer in gefährlicher Zeit. Zitieren wir als Exempel den Brief des Generals Kriebel an seinen Kameraden Hubert von Hößlin. Er gibt uns noch einmal Auskunft über die ganze Aussichtslosigkeit jedes Rettungsversuchs. Er läßt uns aber auch erkennen, welch schwerer Gewissenskonflikt sich bei deutschen Offizieren um den Anschlag und dessen zentrale Figur, Stauffenberg, rankte.

Karl Kriebel   *Kempfenhausen, 14. 11. 44*
General der Infanterie
Sehr geehrter Herr von Hößlin!
Es ist mir ein Bedürfnis, Ihnen zu sagen, wie aufrichtig ich Ihren Schmerz nachfühlen kann, einen Schmerz, der Sie doppelt trifft, als Vater und als pflichttreuen altbewährten Soldaten.
Ich hätte so gerne geholfen, wenn noch etwas zu retten gewesen wäre. Ihr erstes Gesuch habe ich am 10. Oktober, also 3 Tage vor der Sitzung des Volksgerichtshofes, dem SS-Gruppenführer Müller zu übergeben versucht. Aber er hatte sicher recht, daß es völlig zwecklos gewesen wäre. Jeder, der vorher etwas wußte, wurde verurteilt, auch wenn man Ihren beredten Ausführungen ganz folgt und überzeugt ist, daß Ihr Sohn mehr einen jugendlich forschen Entschluß faßte. So wurde er eines der vielen Opfer von Stauffenberg, der all die prachtvollen jungen Offiziere auf dem Gewissen hat.
Die beiden Gesuche füge ich bei. In kameradschaftlicher Verbundenheit   Ihr sehr ergebener
                                                        Kriebel

Das Opfer, das die Eltern bringen mußten, war furchtbar, schlimmer, wie ihr Sohn geschrieben hatte, als das des aus dem Leben Geschiedenen. Ersparen wir uns die Betrachtung der Gefühle, die sich in der Brust des Vaters gejagt haben müssen. Es war aber vor allem Rolands Mutter, Rose von Hößlin, die »den Riß in den Herzen«, den der Sohn gefühlt hatte, nie mehr überwunden hat. Rose von Hößlin besaß eine außergewöhnliche schriftstellerische Gabe, die sie ihrem Sohn vererbt haben muß. Sie hat jahrelang einen brieflichen Dialog mit dem Toten geführt. Nur die Erhabenheit und die dichterische Schönheit dieser Dokumente erlauben uns die Indiskretion, sie der Nachwelt zu überliefern.

Sonntag, 10. XII.

Dieser Brief hat Dich nie mehr erreicht, warum soll die Zwiesprache nicht fortgesetzt werden, auch wenn Dein Leib nicht mehr da ist, wir also sichtbar nie mehr etwas von Dir haben werden. Meine Seele kann Dich suchen, vielleicht gibt es einen Punkt, wo sich die Seelen auch ohne Sprache begegnen. Ich bin dankbar, daß Dein Gemüt sich den Deinen in den letzten Wochen Deines Daseins so sehr erschlossen hat, daß es sich unserm Herzen entgegen gesehnt hat. Was hätte das für ein Wiedersehen gegeben, wenn Du uns neu geschenkt worden wärst! Daß uns das nicht vergönnt war, ist der tiefste Grund meiner Trauer. Aber gerade die Herzlichkeit Deiner letzten Worte soll Dein Andenken bestimmen und sie zwingt mich dazu, nicht nur in Gedanken mich mit Dir zu unterhalten.

Deine äußere Kühle und die Spottlust waren ja das Einzige, was einen zeitweise von Dir in Abstand hielt. Daß du früher die Wärme nur nicht zeigtest und doch für andere Verständnis hattest, das sah ich an dem seligen Leuchten Deiner großen Augen, als ich im Lazarett Deinem elend vergehenden Nachbarn einen Strauß Blumen aufs Wasserbett stellte. So strahlend war Deine Freude nie gewesen, wenn ich Dir selber Blumen brachte, von denen Du nie genug haben konntest. Aus der Fähigkeit, sich mitzufreuen, kann sich auch nur die Gabe erklären, so zweckmäßig-schöne Geschenke auszuwählen und zu übergeben. Der bedeutende Schönheitssinn, der Dich beseelte, kann auch nur von einem fühlenden Herzen ausgegangen sein. Diese Augen, die nun gebrochen sind, waren wirklich begabt »zu trinken, was die Wimper hält, von dem goldnen Überfluß der Welt.«

Dies Schreiben, welch hoffnungslose Beschäftigung! Und doch die einzige Möglichkeit eines Ausgleichs des Gemüts. Es *muß* mir gelingen, daß es Wahrheit wird ... »Du wirst lebendiger je länger du tot bist«. Dann wird es auch eher angehen, so um dich zu trauern, wie du selbst gefallener Kameraden gedachtest, »dich nur froher gemeinsamer Stunden erinnernd ohne Mitleid und ohne Wehmut«.

Sylvester 1944.

Das war Dir vielleicht beschieden, »in seliger Selbstvergessenheit wiederkehren ins All der Natur, dem Ort der ewigen Ruhe«, wie Hölderlin es ersehnte. Dein Leben trug wohl seinen Wert in sich, trotz seiner Kürze. Du hast nicht vegetiert, Du hast mit offenen Sinnen und einem wachen Verstand gelebt und genossen, was genießenswert war. Wir wissen, daß am Einzelnen nichts liegt und wir nur »Glieder einer langen Kette sind, die von einem Dunkel in das Andre reicht«. Daß nach Dir kein neues Glied kommt, das ist mit ein Grund des großen Schmerzes. Darum auch ist es so schwer, den Wiederanschluß an »das große Ja des Lebensganzen zu finden«. Wer eins werden könnte mit dem Unendlichen, wie Schleiermacher, der hätte alles überwunden. Dann könnte man auch Heiselers Wort glauben: »Kein Mensch oder Ding in der Welt kann mir etwas antun, alles Tun ist Gottes.« Rilke: »Wenn etwas uns fortgenommen wird, womit wir tief und wunderbar zusammenhängen, so ist viel von uns selber mit fortgenommen. Gott aber will, daß wir uns wiederfinden, reicher um alles Verlorene und vermehrt um jeden unendlichen Schmerz.«

Dies Wiederfinden und doch mit Dir innerst verbunden sein, ist das Einzige, was ich vom neuen Jahr erhoffe.

> Je länger Du dort bist
> Um so mehr bist Du hier
> Je weiter Du fort bist
> Um so näher bei mir.

Du wirst mir notwendiger
als das tägliche Brot ist
Du wirst lebendiger
Je länger Du tot bist.   (Grabspruch, Münchh.)

NACHWORT

Als Roland von Hößlin starb, lag das Reich, für das er gelebt und gekämpft, aber von dessen Perversion er sich abgewandt hatte, in den letzten Zügen. Das wütende Morden der Henker gegen die, die Hand an den Verderber gelegt hatten, ging weiter. Noch im April 1945, als Amerikaner und Russen sich an der Elbe die Hand gereicht und das Schicksal Deutschlands besiegelt hatten, wurden die letzten Opfer in den Trümmern der Reichshauptstadt erschossen oder in den Konzentrationslagern zu den Galgen geschleppt. Am 8. Mai war das Wüten zu Ende. Deutschland, so wie Bismarck es 74 Jahre zuvor geformt hatte, war auf die Stunde Null zurückgefallen. Es lag in Rauch und Trümmern. Feuer und Schwefel waren vom Himmel gefallen und hatten Sodom vernichtet. Die verbrecherische Hybris einiger weniger war auf furchtbare Weise bestraft worden. Millionen Unschuldiger zogen nun, auf Jahrzehnte hinaus, das Büßerhemd um den nackten Leib.

Der Versuch der Männer um Goerdeler und Stauffenberg, das Äußerste in letzter Sekunde abzuwenden, war beklagenswert gescheitert. Man hat viel gemäkelt über das Dilettantische, mit dem die Verschwörer zu Werke gingen. Ob manches hätte besser gemacht werden können, mag dahingestellt bleiben. Es ist nicht das Wesentliche. Dies hat Henning von Tresckow in seiner letzten Stunde seinem Freund Schlabrendorff hinterlassen, und er hat, betrachten wir die Geschichte Deutschlands vom 3. Oktober 1990 aus, recht behalten: »Wie einst Gott Abraham verheißen hat, er werde Sodom nicht verderben, wenn auch nur zehn Gerechte darin seien, so hoffe ich, daß Gott auch Deutschland um unseretwillen nicht vernichten wird.«

Was die Verschwörer erträumt und in nächtelangen Konspirationen gedanklich skizziert hatten, ein demokratisches Deutschland, in dem die Menschenrechte geachtet, die Würde des Menschen wiederhergestellt, der Gegensatz von Kapital und Arbeit aufgehoben und der konfessionelle Streit begraben sein würden, es ist Wirklichkeit geworden. Deutschland ist, amputiert zwar, aber innerlich gefestigt, aus den Wirren des zweiten dreißigjährigen Krieges auferstanden.

Sie haben es nicht erlebt, und sie konnten sich, wie die meisten, nicht vorstellen, daß es, gemessen an geschichtlichen Maßstäben, so schnell kommen würde. Sie liebten ihr Vaterland, dessen unsinnige Erniedrigung durch die Sieger von 1918 sie ebensowenig wie ihre Väter ertragen konnten. Sie stellten sich enthusiastisch dem »neuen Deutschland« der Braunhemden und Hakenkreuzfahnen zur Verfügung, solange es äußerlich synonym war mit Größe und Würde. Aber als sie erkannten, was sich hinter der glänzenden Fassade vollzog, begannen sie sich abzukehren. Den Krieg von 1939 empfanden sie als einen Angriffskrieg, dessen Lohn auf Dauer nicht die ephemeren Siege sein konnten. Und als das Vaterland dem Abgrund entgegentrieb, handelten sie. Mit dem Deutschland Hitlers hatten sie gebrochen, noch ehe es zusammenbrach.

So ragen sie in einsamer Größe über die hinaus, die mitmarschierten, bis die Götterdämmerung hereinbrach und sie alle verschlang. Niemand vermag auch zu sagen, ob die Sieger mit einem Deutschland, das sich Hitlers selber entledigt hätte, anders verfahren wären. Denn sie bekämpften, wie wir heute wissen, nicht den Nationalsozialismus allein, sondern das Deutschland, das zweimal in diesem Jahrhundert dem Größenwahn erlegen und zum Alptraum der Menschheit geworden war. Aber daß es »nur zehn Gerechte« in diesem Meer von Mitschwimmern und Frontmachern gab, mag sie veranlaßt haben, Ansätze zur Wiedergeburt eines Deutschland der Kant, Lessing und Goethe in all dem Schutt zu erkennen und den Deutschen die Chance zur Erringung ihrer eigenen Demokratie zu geben. Das ist gelungen.

Zitieren wir die Preußin Marion Gräfin Dönhoff aus einem Vortrag über das kontrollratsverordnete Ende Preußens nach dem 2. Weltkrieg. »Nur einmal, kurz vor jenem behördlich verordneten Ende durch den Kontrollrat, hat sich der preußische Geist noch einmal gemeldet, um endgültig Abschied zu nehmen – das war am 20. Juli 1944. Damals starben von Henkershand viele verantwortliche Bürger: hohe Offiziere, ehemalige Minister, Staatssekretäre, Botschafter – die überwiegende Mehrzahl Preußen. Die Ehre Deutschlands war verspielt, nicht mehr zu retten – die Schande der Hitlerzeit war zu groß. Aber das Kreuz, das sie auf Preußens Grab gesetzt haben, leuchtet hell aus der Dunkelheit jener Jahre.«

Roland von Hößlin war kein Preuße, er war Bayer, und in Bayerns schönster Bischofskirche, dem Dom von Bamberg, erinnert eine Ehrentafel mit den Namen der fünf Offiziere des Reiterregiments 17, die Widerstand geleistet und dafür ihr Leben verloren haben, an das Opfer der Tapfersten. Die Protestanten Hößlin und Thüngen sind neben den Namen der Katholiken Stauffenberg, Marogna-Redwitz und Leonrod aufgeführt – Symbol der Aussöhnung der Konfessionen. Keiner von ihnen war Preuße. Aber das preußische »Mehr sein als scheinen« hatten auch sie sich zur Richtschnur ihres Lebens gemacht.

ANHANG

1. Bericht von Oberstleutnant Günther Smend aus dem Gefängnis über die Einstellung der jüngeren Generalstabsoffiziere zur obersten Führung

Smend   Berlin, den 1. August 1944
Oberstleutnant i. G.

Ich gehöre seit Dezember 1942 dem Generalstab des Heeres an. Nach ½jähriger Zugehörigkeit zur Operationsabteilung wurde ich am 15. 7. 1943 zum Adjutanten des Chefs des Generalstabes des Heeres, Generaloberst Zeitzler, ernannt. Mit ihm bin ich durch Gleichart der Auffassungen nunmehr eng befreundet. Ich kenne ihn genau und ich fühle mich zu seiner Ehrenrettung verpflichtet, die psychologische Entwicklung der Dinge bis zum 20. 7. 1944 so zu schildern, wie sie sich mir darstellt.

Von der Truppe kommend und nur die Truppe liebend, war ich – wie jeder andere auch – unglücklich darüber, in den engen Rahmen eines großen Stabes eintreten zu müssen. Noch unglücklicher mußte man aber darüber werden, daß man mit einem Schlage seine Gesamtansicht über den Krieg ändern mußte. Auf Grund des Einblicks in die Gesamtlage wurden in mir – wie in jeden anderen Angehörigen der Operationsabteilung auch – Zweifel am Endsieg wach, zumal damals gerade die Schlacht von Stalingrad für uns verloren war.

Der an sich in jedem Soldaten lebende Wunsch, Positives zu sehen und auch zu hören, wurde nicht erfüllt. Bedrückt von den Tagesereignissen an der Front einerseits und dem damals erstmalig (bei Stalingrad) fühlbar werdenden Zwiespalt zwischen den Vorschlägen des Generalstabes und der Entschlußfassung des Führers andererseits konnte eine bewußt positive Grundhaltung nicht Platz greifen. Dies veranlaßte erstmalig zu einer starken Kritik am Führer, die praktisch vom gesamten Offizierskorps der Operationsabteilung geübt wurde und nie von einem Vorgesetzten gehindert wurde. So kam man ganz von selbst –

175

ohne es zu merken zunächst, und später klarer – in seiner Einstellung zum Führer und seinen militärischen Maßnahmen ins Gleiten, um so mehr, als ja die Vorgesetzten in das gleiche Horn stießen. Chef der Operationsabteilung, General Heusinger, war ein von uns allen ob seiner Klugheit, seines militärischen Weitblicks und seiner Herzensgüte hochverehrter Mann. Sein Fehler war, daß er niemals auch nur den Versuch gemacht hat, durchzugreifen gegen aufkommenden Pessimismus oder Kritik am Führer, sondern ja selbst auch kritisierte. Außerdem war er bereits seit Kriegsbeginn in der Operationsabteilung, teils als I A, teils als Chef, so daß wir alle das Gefühl hatten, ein Wechsel in dieser Stelle bei aller Wertschätzung Heusingers könne sachlich nur dienlich sein.

Aus diesem Mangel an Erziehung in nationalsozialistischem Sinne und dem völligen Fehlen jeder Einflußnahme auf die innere Haltung so vieler junger, kluger Offiziere mit heißem Herzen für den Krieg und Sieg mußten allmählich Gedanken erwachsen wie: »Kann der Führer den Krieg richtig führen oder nicht?«

Ein Eingriff hätte genügt, um solche Gedanken für immer zu verjagen – er kam nie, im Gegenteil, wir richteten unsere Kritik am Führer und seinen Maßnahmen an der der Vorgesetzten aus. So dachte man eben in der Operationsabteilung und, wie mir später klar wurde, in den meisten anderen Abteilungen des Generalstabes wohl auch.

Diese Erkenntnis kam mir, als ich Adjutant beim Generaloberst Zeitzler wurde. Vor den morgendlichen Lagebesprechungen trafen sich in meinem Zimmer die Generale Wagner, Heusinger, Fellgiebel, Stieff und Gercke, und schon hier begann die Kritik am Führer und den getroffenen Maßnahmen – oft in scharfer Form. Diese Kritik gehörte einfach dazu; sie wurde während der Lage nicht geübt, da der Generaloberst sich in diesem Kreise nur rein sachlich aussprach. Sie mußte aber als unausbleibliche Folge nach sich ziehen, daß auch die Offizierskorps der Abteilungen, von den Ansichten ihrer Vorgesetzten beeindruckt, nicht mehr in vollem Maße an den Führer und seine militärische Führungskunst glaubten.

176

Ganz kraß trat dieser Zustand immer dann ein, wenn an der Ostfront Krisen entstanden, deren Beseitigung und deren Meistern vom Generaloberst Zeitzler dem Führer mit Vorschlägen angeboten wurde, die vom Führer abgelehnt wurden. So war und blieb jedem Offizier unverständlich, warum nicht irgendwo ein Ostwall gebaut wurde, unverständlich blieb die Frage der Krim-Räumung, unverständlich blieben viele andere Maßnahmen und führten dazu, daß die Mißstimmung gegen den Führer mehr und mehr wuchs. Ich habe diese Tatsache dem Generaloberst oft gemeldet, sie war ihm im übrigen auch aus seinen täglichen Gesprächen mit den Abteilungschefs bekannt, von denen er neben dem General Heusinger insbesondere die Generale Wagner und Stieff in sein Vertrauen zog und oft mit ihnen über seine Sorgen sprach. Er, der wahrlich der treueste Generalstabschef war, den der Führer sich wünschen konnte, hielt dann natürlich in seiner aufrechten soldatischen Art nicht zurück mit Äußerungen, die sich gegen diese oder jene Maßnahme des Führers aussprachen.

Sein mir gegenüber oft wiederholter Ausspruch war: »Mir tut nur ein Entschluß leid, nämlich, daß ich nach Stalingrad den ganzen Krempel nicht hingeschmissen habe.« Immer deutlicher sah er, insbesondere im letzten halben Jahr, daß der Krieg, so geführt, verloren gehen müsse, und machte aus dieser Meinung auch mir gegenüber kein Hehl. So machte sich im gesamten Generalstab allmählich eine Stimmung dumpfer Verzweiflung breit, die, durch schlechte Nachrichten von anderen Kriegsschauplätzen noch genährt, allmählich die von niemand in anderem Sinne beeinflußte Meinung aufkommen ließ: »Der Krieg ist verloren«. – Zu einer solchen Beeinflussung wären die Abteilungschefs auch gar nicht in der Lage gewesen. Sie waren nach Meinung aller jungen Generalstabsoffiziere überaltert und viel zu lange in ihren Stellungen. Ein Wechsel in den maßgeblichen Chefstellungen wäre unbedingt nötig und von Nutzen gewesen. Männer vom Schlage des jetzigen Chefs der Operationsabteilung, General Wenck, hätten die ganze Situation mit einem Schlage ändern können. Auch das ist nicht nur von mir, sondern auch von anderer Seite mehrfach vorgeschlagen worden; teils wurde es durch den Führer abgelehnt (General Gerke), teils schienen es die Ereignisse an den Fronten nicht zuzulassen. Nur diesen Männern ist es zu verdanken, daß der Gedanke an eine gewaltsame Beseitigung des Führers jemals im Generalstab Fuß fassen konnte. Ohne es deutlich zu wissen, sind eine Fülle anständiger Offiziere langsam Gedankenträger solcher Pläne geworden, wenn auch von allen meinen Kameraden und mir am Schlusse solcher Überlegungen immer wieder ein Grundsatz feststand: »Ohne den Führer geht es nicht. Wir müssen sehen, wie wir so mit den Dingen fertig werden.«

Am allermeisten hat unter dieser Entwicklung naturgemäß der Generaloberst Zeitzler selbst gelitten. Immer wieder sah er seine Energie und Stoßkraft anscheinend nutzlos vertan und sagte oft: »Man spricht oft zum Führer wie gegen eine Wand« – sein vergeblicher Kampf um die von ihm als richtig erarbeiteten Erkenntnisse auf dem Gebiet der Kriegführung im Osten wurde mehr und mehr auch den anderen Offizieren – nicht nur den älteren – klar, so daß in ihnen die Überzeugung Raum gewann: »Auch der Zeitzler schafft es nicht.« Als dann in den letzten Monaten in der Frage der Krim-Räumung zunächst und später in der Rücknahme der Heeresgruppe Nord wieder nach Ansicht des Generalobersten und damit unser aller Ansicht entscheidende Fehler begangen wurden, hörte man immer häufiger die Stimmen laut werden, die sagten: »Der Führer schafft es nicht.« Auch der Generaloberst begann allmählich, seinen Glauben zu verlieren, und äußerte immer wieder starke Zweifel darüber, ob der Führer wohl in der Lage sei, den Krieg auf diese Weise zu gewinnen. Er hielt mit dieser Meinung wie mit allen seinen Auffassungen auch dem Führer gegenüber nicht zurück und hat ihm am 30. 6. 1944 seine Ansichten klar zum Ausdruck gebracht, ebenso wie die von ihm als richtig befundenen Aushilfen. U. a. schlug er ihm damals vor, den Reichsführer SS als Heimatdiktator einzusetzen, um endlich den zwar propagierten, aber nie mit rücksichtsloser Schärfe durchgeführten »totalen Krieg« durchsetzen zu können. Er versprach sich hiervon eine wesentliche Stärkung der Kampfkraft, insbesondere der Ostfront.

178

An diesem Tage erfolgte sein körperlicher Zusammenbruch, von dem er sich sehr langsam erholen wird. Dieser Zusammenbruch hat uns alle sehr erschüttert, wir fühlten uns verwaist ohne die starke Stütze, die er uns immer gewesen war, um so mehr, als wir wußten, daß sein Stellvertreter, General Heusinger, selbst körperlich behindert, für längere Zeit nicht die Kraft haben würde, Entschlüsse beim Führer durchzukämpfen. Die Stimmung gegen den Führer wuchs und machte sich immer wieder Luft in der Auffassung:»Der Führer kann es nicht.« Auch General Heusinger hat diese Meinung gehabt.

Auch zu diesem Zeitpunkt wäre noch Gelegenheit gewesen, alles, was den unglückseligen 20. Juli herbeiführte, zu verhindern. Ein *positives* Wort, eine vernünftige Ansprache hätte genügt, die steuerlos dahintreibenden Generalstabsoffiziere einzufangen und auf den richtigen Weg zu setzen, nach dem sich alle sehnten. Dieses Wort wurde nie gesprochen, dagegen immer mehr die Meinung erhärtet, daß »alles ein Wahnsinn sei«. Jeder dachte so, und jeder machte auch aus dieser Meinung kein Hehl.

Trotzdem gab es immer wieder bis zuletzt nur eine Meinung bei den Diskussionen über eine Ausschaltung oder gar Beseitigung des Führers:»Ohne den Führer geht es nach wie vor nicht; dann ist alles zu Ende.«

Ich kann diese Darlegungen nicht abschließen, ohne noch auf die Kriegsspitzengliederung zu kommen. Auch hier gab es nur eine einzige Meinung innerhalb und außerhalb des Generalstabes. Die Kriegsspitzengliederung wurde völlig abgelehnt, und das Fehlen eines Oberbefehlshabers des Heeres unter dem Führer, genauso wie Marine und Luftwaffe einen haben, wurde von allen Heeresoffizieren mehr und mehr als ein entscheidender Mangel empfunden. Auch dieser Punkt, den der Generaloberst immer wieder beim Führer anschnitt, gab Anlaß zu vielen Diskussionen, wie man es ändern könne, wie man einen einheitlichen Oberbefehl im Osten ähnlich wie im Westen sicherstellen könne. Auch hier wußten wir uns einig mit unserem Generalstabschef, dem wir treu ergeben waren.

Sosehr wir jungen Generalstabsoffiziere aber auf der einen

Seite die Mängel, Nachteile und Fehler sahen und sehen mußten, sosehr wir auch bereit waren, den Führer dafür verantwort-
lich zu machen, so sehr lehnten wir doch immer wieder die
Durchführung zur Beseitigung des Führers ab, weil uns damit
der innere und äußere Zusammenbruch vollends unvermeidbar
schienen.

Allen aber war klar, daß diese Gedankengänge um die Beseitigung des Führers vorhanden waren, unser Fehler, der in unserem militärischen Gehorsamkeitsprinzip mitbegründet liegt,
war es, diese heranreifende Eiterbeule nicht ausgebrannt zu
haben – wir waren eben auch nicht mehr immun.

Daß der Generalstab in seinen Spitzen – Wagner, Stieff und
Fellgiebel – diesen Weg mitgegangen ist und uns Junge zwangsläufig mit hineinzog, ist eine erschütternde Tatsache. Sie hätte
bei richtiger Erziehung und durch den Wechsel der überalterten
Abteilungschefs mit Leichtigkeit verhindert werden können.

Der Oberst Graf Stauffenberg und seine Ideenwelt sind mir
unbekannt. Ich kenne weder seine Pläne noch seine Gedanken,
die ihn zu dem Attentat veranlaßt haben. Er stand mir wie allen
jüngeren Offizieren persönlich und dienstlich fern. General
Stieff und sein Anhang werden ihn besser kennen.

Ich habe bis zur letzten Sekunde es für unmöglich gehalten,
daß ein solcher Plan, den Führer zu beseitigen, durchgeführt
werden könnte, weil ich dies immer abgelehnt habe.

Daß ich es unterlassen habe, diese Dinge nicht noch präziser
dem General Heusinger zu melden, der damals den Generalobersten vertrat, ist mein Fehler, den ich zu büßen habe.

Zusammenfassend ist zu sagen:

Mangel an Positivismus, Fehlen jeder Beeinflussung, Verlieren des Glaubens bei den Spitzen und die scheinbare Hoff-
nungslosigkeit, den Zwiespalt zwischen Führer und Generalstab in der militärischen Führung zu beseitigen, sind die
Gründe gewesen, die den Generalstab in diese verbrecherische
Gedankenwelt hineingelockt haben. Wen das Schicksal in dieser
Zeit in den Generalstab verschlagen hat, den hat es auch mit
diesen Gedankengängen zwangsläufig in Berührung gebracht.

Der Generaloberst Zeitzler selbst ist an dieser Entwicklung

unschuldig und unbeteiligt. Daß er seinem anständigen Herzen oft Luft machte und auf viele Dinge schimpfte, das kann man ihm nicht verdenken. Er war eine Kraftnatur, die alles versuchte, um den Krieg zu gewinnen. Die Gründe, die das Instrument Schiffbruch leiden ließen, dessen er sich bediente – nämlich des Generalstabes des Heeres – habe ich oben versucht darzulegen.

(Oberstleutnant Günther Smend war Adjutant von General-oberst Kurt Zeitzler.)

2. Bericht über die Vernehmungen Hösslins

Brief von General der Polizei Ernst Kaltenbrunner an Martin Bormann vom 9. September 1944

Durchführung des Ausnahmezustandes in Ostpreußen
Für die Durchführung des Ausnahmezustandes in Königsberg war der Ritterkreuzträger Roland von Hößlin vorgesehen. Hößlin hatte von Stauffenberg Anfang Juni Anweisung bekommen, sich im »Walküre«-Fall mit Oberstleutnant Erdmann, stv. Generalkommando, in Verbindung zu setzen und von ihm weitere Befehle entgegenzunehmen.

Hößlin hat sich bereits nach der Rückkehr von Berlin mit Erdmann verständigt. Erdmann teilt ihm als Aufgabe mit, mit seiner Abteilung die Gauleitung, die Regierung, die öffentlichen Gebäude, das Telegrafenamt usw. zu besetzen und jede Gegenaktion zu verhindern. Es wurde ausgemacht, daß Hößlin auf das Stichwort »Möwe II« in Aktion treten sollte. Er sollte dem Stab eine gepanzerte Kompanie und eine Kompanie auf LKW in Marsch setzen. Gleichzeitig sollte er eine Kompanie vom Panzergrenadierbataillon 413 in Insterburg als Verstärkung bekommen. Hößlin rechnete, daß er mit seinen vorwiegend Holzgaswagen 6 Stunden bis Königsberg brauchen werde.

Ob Hößlin ursprünglich gegen das OKH in Aktion treten sollte, ließ sich bisher nicht klären. Hößlin selbst gibt eine Erklärung Stauffenbergs selbst wieder, die wie folgt lautet: »Im Walküre-Fall haben Sie ja den Schutz des HQ OKH zu übernehmen.«

Aus dem Gespräch mit Erdmann ergab sich, daß auf das Stichwort »Möwe II« eine ähnliche Abteilung, wie sie Hößlin von Insterburg nach Königsberg fahren sollte, dem Kommandanten des HQ OKH zur Verfügung stand, und zwar nach dem Möwe-Plan zum Schutz des OKH bei Luftlandungen und ähnlichen Fällen.

Hößlin – Stauffenberg
Hößlin ist ein alter Kamerad von Stauffenberg. Das Ritterkreuz hat Hößlin bei El Alamein erworben. Er wurde bei der Wiederinbesitznahme einer Stellung verwundet. Im März 1943 hat ihn Stauffenberg in der Charité besucht. Stauffenberg bezeichnete damals seine Versetzung nach Tunis als Ia der 10. Panzerdivision als »Flucht an die Front«. Er habe bereits damals den Krieg militärisch für verloren gehalten. Hößlin will der Angelegenheit nicht viel Bedeutung beigemessen haben. Er habe sich gesagt: »Auch Stauffenberg sei so ein Pessimist aus dem OKH.«
Am 1. 4. 1944 hat Hößlin Stauffenberg aufgesucht im OKH. »Anhand von Zahlen stellte er mir die ungünstige Nachschublage dar. Die Verluste seien erheblich höher als der Ersatz, der von der Heimat nachgeschoben werden könne. Die Stärke des Feldheeres vermindere sich monatlich um die Stärke eines Armeekorps, das nicht ersetzt werden könne. Stauffenberg meinte, wir treiben auf einen militärischen Zusammenbruch hin. Infolgedessen könnten in Deutschland eines Tages chaotische Zustände eintreten wie 1918. Das Ersatzheer sei dann als einzige Macht in der Lage, die Ordnung aufrechtzuerhalten. Das Offizierskorps dürfe dann nicht wieder versagen und sich die Initiative aus der Hand nehmen lassen wie 1918, sondern müßte aus eigener sittlicher Verantwortung heraus handeln. In der Rückerinnerung muß ich sagen, daß dieser Appell an meine Offiziersehre mehr auf mich gewirkt hat als die Schilderung der militärischen Lage. Er hat mich tief beeindruckt.«
Hößlin hat dann, sooft er in Berlin zu tun hatte, bei Stauffenberg vorgesprochen. Stauffenberg erläuterte ihm seine Pläne, die in der Feststellung gipfelten: *»Auch der Führer muß weg.«*
Eines Tages könne der Krieg auf deutsches Gebiet getragen werden. Die Kampfkräfte des Heeres werden erschöpft, das Volk enttäuscht und um seine Hoffnung betrogen. Der Führer könne sich nicht mehr von seinen großen europäischen Plänen

auf den Rahmen eines Deutschlands innerhalb seiner Volkstumsgrenzen umstellen. Ein Staat, wie der nationalsozialistische, der eine Revolution verkörpere, könne nicht mit anderen Staaten Frieden schließen, denn die Revolution werde von den anderen Staaten als ständige Bedrohung ihres inneren Zustandes betrachtet. Die einzige Macht, die die Ordnung aufrechterhalten könne, sei das Heer bzw. das Ersatzheer. *Die Wehrmacht sei in unserem Staat die konservativste Einrichtung, die gleichzeitig im Volk verwurzelt sei.*

Hößlin selbst bemerkt: »Zur augenblicklichen Situation des Krieges will ich noch bemerken: daß ich es für Wahnsinn halte, nach Erschöpfung der Kampfkraft des Feldheeres in Deutschland einen Partisanenkrieg nach zwei Fronten gegen hochgerüstete moderne Heere zu führen. Einen Kampf der letzten Goten am Vesuv gibt es meines Erachtens für ein 80-Millionen-Volk nicht.«

Der Zeitpunkt für die Erklärung des Ausnahmezustandes war nach Meinung Hößlins im Juli noch nicht gekommen. Die militärische Lage sei noch nicht so weit gewesen, daß »auch der letzte Mann auf der Straße einsehen müßte, daß die Ziele der nationalsozialistischen Bewegung nicht mehr zu erreichen sind«.

Hößlin beteuert, daß er nicht gegen den Nationalsozialismus eingestellt gewesen sei, daß es aber nach seiner Meinung notwendig geworden sei, auf Grund der militärischen Lage auf die Durchsetzung der außenpolitischen Ziele des Nationalsozialismus zu verzichten. Stauffenberg habe ihn davon überzeugt, daß die Wehrmacht einen letzten Versuch der Rettung wagen müsse. Einen Vergleich mit dem Badoglio-Verrat will er insofern nicht gelten lassen, als seiner Auffassung nach die Italiener stümperhaft vorgegangen seien und bei größerem Erfolg auch mit einer anderen Behandlung seitens der Feindmacht zu rechnen gehabt hätten. Er hoffe, daß der Regierungswechsel im Reich ohne allzu großen Kräfteverlust vor sich gehen würde. Selbstverständlich habe er sich viele Fragen vorgelegt, insbesondere die, ob bei einem Umsturz Volk und Wehrmacht mitmachen würden. Stauffenberg habe diese Fragen entweder mit einem großen Aufwand von Argumenten beseitigt oder auf gründliche Vorbereitungen hingewiesen.

Blindes Vertrauen
Über seine Beweggründe befragt, erklärte Hößlin, daß er der von ihm hochgeachteten Persönlichkeit Stauffenbergs »blindes Vertrauen« geschenkt habe. Dieses sei nun »bitter enttäuscht« worden. »Mit der Kenntnis der Vorgänge des 20. Juli und der folgenden Nacht brach in mir meine ganze Vorstellungswelt zusammen.« Den ihm unterstellten Offizieren gegenüber hat Hößlin den Anschlag vom 20. Juli als furchtbar bezeichnet und das Attentat verurteilt.
1.) Weil ein Offizier und noch dazu mit Sprengstoff die Hand gegen den obersten Befehlshaber erhob,
2.) die Art der Durchführung so war, daß dabei noch andere Kameraden gefährdet waren, während der Attentäter mit heiler Haut davonkam.
Gerade die Vernehmung Hößlins ist typisch für das Verhalten einer Gruppe Offiziere, die von Stauffenberg und der engeren Verschwörerclique für den Anschlag verpflichtet worden waren. Die Vernehmung schloß mit folgenden Fragen und Antworten:

Frage: »Worin sehen Sie den Unterschied in der konse-quenten Durchführung der Planung, nämlich der Ausführung des Attentats gegen den obersten Kriegsherrn und der Tatsache der von Ihnen selbst in Kauf genommenen gewaltsamen Ausschaltung des obersten Kriegsherrn von der Führung?«
Antwort: »Darin ist moralisch kaum ein Unterschied zu se-hen.«
Frage: »Warum haben Sie sich nicht nach der Tat gestellt, sondern die Entwicklung abgewartet?«
Antwort: »Der Gedanke der Selbststellung ist mir nicht ge-kommen.«
Frage: »Mußten Sie nicht nach allem, was vorangegangen war, sich vor sich selbst untreu erscheinen, wenn Sie in Ihrer Dienststellung, noch dazu eines Komman-

deurs junger Offiziersbewerber, blieben, die Sie jetzt noch, um so mehr im Sinne der nationalsozialistischen Führung ausrichten sollten?«

Antwort: »Nach Scheitern meiner Pläne und Absichten sah ich meine Aufgabe darin, durch Pflichterfüllung in meinem kleinen Rahmen möglichst viel für Deutschland leisten zu können. Die NS-Führung lag in den Händen meiner Kompaniechefs. Auf meinem Gebiet sorgte ich für die Durchführung der von oben gegebenen Befehle. Ich setzte mich mit Schwerpunkt ein für die Erziehung der Offiziersbewerber zu offiziersmäßiger Haltung und Denken und für deren taktische Ausbildung zum Gruppenführer.«

Frage: »Darin sollte sich aber gerade nicht allein Ihre offiziersmäßige Führung erschöpfen. War Ihnen das denn nicht gerade nach dem 20. Juli mehr denn je klar geworden?«

Antwort: »Das ist mir klar, aber ich konnte nicht mit dem Mund Dinge predigen, gegen die ich selbst verstoßen hatte.«

Frage: »Haben Sie sich vor oder nach dem 20. Juli einem Vorgesetzten anvertraut oder ihm Meldung erstattet?«

Antwort: »Nein.«

Frage: »Warum nicht?«

Antwort: »Der Gedanke ist mir nicht gekommen.«

Quelle: Institut für Zeitgeschichte, München, MA 146/2, Rolle T 84/20, Blatt 111–119.

3. MITTEILUNG ÜBER DIE VOLLSTRECKUNG DES TODESURTEILS

Der Oberreichsanwalt
beim Volksgerichtshof

Geschäftszeichen: *0 J 25/44.*
(Bitte in der Antwort anzugeben)

Berlin W9, den 14. Oktober 1944.
Bellevuestr. 15
Fernspr:

An

Herrn Generalmajor Hubert von H ö ß l i n

in

K i e s b a d e n .

XII A K.

Der ehemalige Major Roland von H ö ß l i n ist vom
Volksgerichtshof des Großdeutschen Reichs wegen Hoch- und Landes-
verrats zum Tode verurteilt worden.
Das Urteil ist am 13. Oktober 1944 vollstreckt.
Die Veröffentlichung einer Todesanzeige ist unzulässig.

Im Auftrage

[Unterschrift]

CX0044

4. Beantwortung einer Anfrage der Mutter Roland von Hösslins durch die Ostdeutsche Justizverwaltung

Deutsche Justizverwaltung
der Sowjetischen Besatzungszone in Deutschland

Berlin NW 7, den 14. März 194 7
Dorotheenstraße 49-52

IV

Fernsprecher: 42 00 16, Apparat: 1642

(Bei Antwort Angabe erbeten)

Frau
Rose v. Hößlin

- Vortragender Rat Dr. Poelchau -

(13b) <u>Hemerten über Rain a/Lech</u>

Sehr verehrte gnädige Frau,

      Ihren Herrn Sohn, dessen Hinrichtung mir aus den Listen der Opfer vom 20.7.44 bekannt ist, habe ich leider nicht persönlich gesprochen. Er ist, wie die meisten, wohl direkt von der Geheimen Staatspolizei nach Plötzensee zur Vollstreckung des Urteils überstellt worden. Leider sind auch die Akten durchweg nicht zugänglich, so daß es ein Glück ist, daß Sie wenigstens die Abschiedsbriefe bekommen haben.

      Das Bild aus der Zeitschrift „Life" und die Notizen dazu stammen wahrscheinlich aus dem von Goebbels hergestellten Propagandafilm über den 20.7.1944, der sich in den Händen der amerikanischen Besatzungsmacht befindet. Die sterblichen Reste der Hingerichteten sind verbrannt und in alle Winde verstreut worden.

      Ich bedauere sehr, Ihnen keine persönlichere Auskunft geben zu können.

Mit teilnehmenden Grüßen
bin ich
Ihr sehr ergebener

Dr. Poelchau.

5. AUS EINEM BRIEF DES KRIEGSKAMERADEN GÜNTHER LEIPOLD AN DEN BRUDER, HARTMUT VON HÖSSLIN

... Am Morgen des Beginns des Vormarsches auf El-Alamein – wenn ich mich recht erinnere, war es Pfingstsonntag, 24. oder 26. Mai 1942 – wurde ich von einer Heeres-Fla-Einheit als Meldefahrer zu Herrn Hauptmann von Hößlin, der zu diesem Zeitpunkt Troßführer der AA 33 war, abgestellt. Die AA 33 stand breit und tief gestaffelt, als Ihr Herr Bruder sich in seinem Kfz 15 (Horch) erhob und in fast zeitlupenhafter Bewegung mit dem rechten Arm das Zeichen zur Abfahrt gab. Ihr Herr Bruder bewegte sich überhaupt während dieser ganzen Zeit, in der ich ihn erlebte, mit großer innerer Ruhe und strahlte dabei auf seine Umgebung absolute Sicherheit aus. Ich hatte von ihm Befehl, im Abstand von etwa 50 m, also auf Rufweite, halbrechts hinter ihm zu fahren, und so blieb ich bis El-Alamein, bis Juli, fast ununterbrochen in seiner nächsten Nähe. Unsere Aufklärungsabteilung operierte meistens weit im Süden und eilte den Divisionen in südöstlicher Richtung voraus. So marschierten wir bereits in Ägypten, als Tobruk noch nicht gefallen war. So nahmen wir, etwa 170 Mann, vielleicht 70 oder 100 km südostwärts von Marsa Matruk, 1000 Mann voll ausgerüstet – 950 Soldaten und Unteroffiziere, 55 Offiziere und 1 General – gefangen.

Solche Art Fischzüge gab es übrigens öfters, und immer war es Ihr Herr Bruder, der geistesgegenwärtig, mutig und überlegen handelte. Dabei erinnere ich mich an ein Nachtgefecht, das folgendermaßen entstand: Wir hatten uns in der Wüste weit im Süden zur Nacht eingeigelt, als der Führer eines sogenannten »Geleitzuges« vom Tommy – eine mit leichtgepanzerten Kettenfahrzeugen geschützte Nachschubeinheit – ausgerechnet Ihren Herrn Bruder nach dem Weg einer Einheit fragte, die dieser

»Geleitzug« ansteuern sollte. Ich muß hier anfügen, daß unser Abteilungskommandeur, sein Name ist mir entfallen, es war ein Major mit dem deutschen Kreuz in Gold, inzwischen verwundet worden und an seine Stelle Herr Hauptmann von Hößlin getreten war, und daß wir uns von den Fahrzeugen und der Uniform her auf Grund unserer reichen Beutezüge kaum noch vom Engländer unterschieden. Ihr Herr Bruder fuhr zu dieser Zeit in einem sogenannten Flitzer, einem englischen Militärfahrzeug.

Herr Hauptmann von Hößlin verwies den Führer des englischen Geleitzuges in die Richtung unseres Trosses, der etwa 2 km von uns behütet in der Mitte lag, und gab über Sprechfunk die erforderlichen Befehle, so daß der Geleitzug völlig überrascht von dem Troß unserer Abteilung entsprechend empfangen wurde. Es gab eine furchtbare Knallerei mit vielen Leuchtkugeln, und es war ein Wunder, daß nur ein Engländer bei diesem Gefecht verwundet wurde, aber wir hatten eine ganze Reihe Gefangener gemacht und waren mit Sprit und Nahrungsmitteln bestens versorgt. Manch einen feindlichen Stützpunkt tief in der Wüste, von dem aus Flugzeuge starteten oder Stoßtrupps erfolgten, haben wir in dieser Zeit genommen.

Es hätte nie zu Ihrem Herrn Bruder gepaßt, daß er, auch im schwersten Feuer, Schutz gesucht hätte. Hier ein paar Beispiele, die so ganz typisch für ihn waren:

Ziemlich am Anfang des Vormarsches, als wir von englischer Artillerie schwereren Kalibers beschossen wurden, wußte unser Kommandeur nicht, um was für Geschütze es sich handelte. Er beriet sich deshalb mit Ihrem Herrn Bruder. Ich sehe ihn noch heute vor mir aufrecht wie die Statue eines Feldherrn des alten Griechenland in seinem offenen PKW stehen neben dem 8rädrigen Panzerspähwagen unseres Kommandeurs, der jedesmal in dem Spähwagen verschwand, wenn der Tommy wieder eine Salve schickte und die Splitter durch die Luft flogen. Ihr Herr Bruder wartete dann geduldig, bis unser Kommandeur wieder auftauchte. Dann sprachen die Herren weiter miteinander. Diese Szene, daß der Kommandeur in seinem gepanzerten Wagen untertauchte und Ihr Herr Bruder so lange aufrecht stehend wartete, bis der Kommandeur wieder auftauchte, wiederholte sich mehrere Male; schließlich rief Ihr Herr Bruder mich, und er stieg in meinen Wagen, um nun in Richtung Feind zu fahren. Er gab ruhig und sicher Befehle, wie ich zu fahren hatte, und ich fühlte mich so sicher, obwohl wir geradewegs zum Tommy fuhren und von ihm zunächst aufs Korn genommen wurden. Durch dieses direkte Auf-den-Feind-Zufahren muß dieser irritiert worden sein, jedenfalls stellte er nach einiger Zeit das Feuer ein, und als wir bis auf etwa 3000 m an die englische Stellung herangefahren waren, ließ Herr Hauptmann von Hößlin halten, schaute sich mit dem Fernstecher in aller Ruhe alles genau an und befahl dann: kehrt marsch, marsch und sagte zu mir: »Und jetzt fahren Sie wie ein Hase, der Haken schlägt.« Der Tommy schoß auf uns, was das Zeug hergab, die Einschläge lagen rechts, links, vor und hinter uns, aber wir kamen gut »nach Hause«, und Herr Hauptmann von Hößlin hatte mal wieder aufgeklärt.

Nie werde ich es vergessen, als wir in eine Minensackgasse geraten waren. Einige Fahrzeuge von uns waren bereits auf Minen gefahren. Außerdem wurden wir vom Lande und aus der Luft heftig bepflastert. Die Lage sah äußerst brenzlig aus. Alles lag in Deckung. Ich verstehe es heute noch nicht, wie Ihr Herr Bruder es fertigbrachte, in dieser Situation, wo wir alle die Nase tief im Dreck hatten, sich einen Wasserkanister zu holen, einen Spiegel und einen Rasierapparat. Ich sah das alles aus der Froschperspektive unter meinem Fahrzeug liegend aus der befohlenen Entfernung von 50 m. Ihr Herr Bruder rasierte sich in aller Ruhe, so wie heute manch einer in der Sommerfrische auf dem Campingplatz.

Wiederholt kam es natürlich zu Panzergefechten. Herr Hauptmann von Hößlin stand dann mitten drin aufrecht in seinem offenen Wagen; sein und mein Wagen waren in solchen Situationen die einzigen nicht gepanzerten Fahrzeuge. Bei solch einer Gelegenheit riß ihm ein Panzervollgeschoß den Vergaser seines Kfz 15 ab, der Schuß ging zwischen seinen Beinen hindurch, er winkte mich sogleich heran und stieg in meinen Wagen um.

Ich habe jetzt versucht, Ihnen ein wenig von meinem gemeinsamen Erleben mit Ihrem Herrn Bruder zu schildern, und vielleicht verstehen Sie es, daß ich noch heute von meinem ehemaligen Hauptmann von Hößlin begeistert bin. Ich habe ihn mir, gerade was Selbstdisziplin anbelangt, zum Vorbild genommen. . . .

Günther Leipold
4. Januar 1974

6. Erinnerung des Offiziers Hubertus Schulz an seine Begegnung mit Major Roland von Hösslin im Frühsommer 1944 in Insterburg

Den Winter 1943/44 verbrachte ich in der Pz.Aufkl.Ers.u.Ausb. Abt.24 in Insterburg und erwartete eine baldige Abberufung zur Aufkl.-Abteilung der 7. Pz.Div., die sich in Rußland im Einsatz befand und deren Kommandeur mein früherer Schwadronschef bei der 24. Pz.Div. war. Da meine Versetzung zur Front noch nicht vorlag, als ein Truppentransport zu meiner alten 24. Pz.-Div. in Marsch gesetzt werden sollte, wurde ich beauftragt, den Transport nach Nikolajew am Schwarzen Meer zu begleiten.

Bei meiner Rückkehr nach Insterburg hatte sich die Situation dort verändert. Anstelle der Ersatzabteilung war in der Zwischenzeit die Pz.Aufkl.Ausb.Abteilung f.O.B. aufgestellt worden, die die Aufgabe hatte, junge Offiziersbewerber auszubilden, die nach anschließender Frontbewährung auf die Obfhr.Schule 1 d. Pz.Tr. nach Krampnitz kommandiert wurden. Von dem ursprünglichen Offizierskorps war Graf Eulenburg als Adjutant geblieben, bei dem ich vorsprach, um mich bei dem neuen Kommandeur der Schule zurückzumelden.

So begegnete ich – es muß Anfang April gewesen sein – Major von Hößlin zum ersten Mal. Er ließ sich kurz über den von mir durchgeführten Auftrag berichten, wobei ihn besonders interessierte, welche Eindrücke ich bei den Gesprächen im Stabe der 24. Pz.Div. über die militärische Situation und – vor allem – über die Stimmungslage bei der Truppe gewonnen hätte. Unvermittelt fragte er mich dann, ob ich Lust hätte, ihn anstelle des verhinderten Adjutanten auf einer Reise zu einem Truppenübungsplatz nach Polen zu begleiten. Diese legere Frage war natürlich als Befehl zu verstehen. Also fuhr ich mit. Dort fand eine Übung der Abteilung unter Leitung der Inspektions-Chefs statt, die mit einer Besichtigung abgeschlossen werden sollte.

So traten wir am kommenden Tag in einem Dienstwagen – es war ein sechssitziger HORCH mit Trennscheibe zum Fahrer – die 5–6stündige Fahrt in Richtung Bialystok an. Es bestand also die Möglichkeit, sich ungezwungen zu unterhalten, ohne befürchten zu müssen, daß der Fahrer mithört.

Sehr bald lenkte H. das Gespräch auf die hoffnungslose militärische Lage, über die er offenbar durch engen Kontakt mit dem OKH sehr gut informiert war. Meine Gespräche bei der 24. Pz.Div. waren ebenfalls nicht geeignet, die aktuelle Situation in einem günstigeren Licht zu sehen. Es blieb aber nicht bei der Erörterung der aussichtslosen militärischen Situation. H. äußerte im weiteren Verlauf der Unterhaltung unverblümt seine ablehnende Haltung gegenüber dem Nazi-Regime und belegte dies auch u. a. mit interner Kenntnis über Greueltaten der SS und der Gestapo.

Verständlicherweise war ich überrascht, mit welcher Offenheit sich H. mir gegenüber verhielt – kannten wir uns doch erst knappe 24 Stunden! Seine Äußerungen fanden jedoch bei mir offene Ohren, denn ich war durch mein Elternhaus geprägt, in dem aus der Ablehnung des Nazi-Regimes nie ein Hehl gemacht worden ist. So war es nur folgerichtig, daß ich eine Bemerkung machte, deren Tragweite ich allerdings nicht erwartet hatte. Der sich ergebende Dialog hatte etwa folgenden Wortlaut:

Sch.: Herr Major, wir unterhalten uns jetzt seit 3 Stunden über die hoffnungslose militärische Lage und vor allem über das verbrecherische Regime, das uns dies alles eingebrockt hat. Die Diskussion hat ergeben, daß wir in der Beurteilung der Situation völlig einig sind. Und es gibt viele, die genauso denken wie wir.
Warum findet sich niemand, der bereit ist, daraus die Konsequenz zu ziehen?

v. H.: Wären Sie denn bereit, die Konsequenz zu ziehen?

Sch.: Ich glaube ja. Allerdings unter der Voraussetzung, daß eine durchdachte Planung vorliegt, die Aussicht auf Erfolg hat. Vor allem erfordert aber eine solche Aktion eine

194

integere Persönlichkeit mit unbestrittenen Führungseigenschaften.

v. H.: Ich werde Sie im Verlauf unserer Reise in Berlin mit
einer Persönlichkeit bekannt machen, von der Sie überzeugt sein werden, daß sie in jeder Hinsicht den Vorstellungen entspricht, die Sie genannt haben.

Mit diesem Wortwechsel war das Thema abgeschlossen. Man
unterhielt sich für den Rest der Fahrt gelöst über Gott und die
Welt, aber kein Wort mehr über Krieg und Politik.

Abends lernte ich im Kasino die Inspektions-Chefs kennen –
kriegserfahrene, hochdekorierte Haudegen, die von Kramp
trefflich beschrieben werden. Am nächsten Tag fand die Besichtigung statt und am folgenden Tage fuhren wir nach Dresden, wohnten in dem feudalen Hotel Bellevue und nahmen an
einer Schulungstagung für Lehroffiziere für den Offiziersnachwuchs teil, bei der Propagandaminister Joseph Goebbels das
Hauptreferat hielt. Ich erinnere mich noch gut, mit welchem
Fanatismus er seine Durchhalteparolen vortrug und mit welcher
Überzeugung er den Endsieg prophezeite. Ins Bellevue zurückgekehrt, erlebten wir einen total betrunkenen Robert Ley und
seine Mannen, die offenbar dort eine Tagung abgehalten hatten.
Voller Abscheu vor dem Zechgelage der Reichsarbeitsfront-
Leute verließen wir die Hotelhalle und unterhielten uns noch
lange über Goebbels' Monolog in einem Nebenzimmer.

Da H. noch eine dienstliche Besprechung hatte, beauftragte
er mich, dem Vorzimmer des Chefs des Stabes im Allg. Heeresamt in Berlin unser definitives Kommen bekanntzugeben. Wen
wir dort aufsuchen würden und was dort zu besprechen sei,
wußte ich zu diesem Zeitpunkt noch nicht. Außerdem waren
Zimmer im Palasthotel in Potsdam zu bestellen, weil geplant
war, am Nachmittag des folgenden Tages in Krampnitz zu reiten.

Erst auf der Fahrt nach Berlin informierte mich H. über Sinn
und Zweck des Besuches beim Allg. Heeresamt. So saßen wir
also am nächsten Vormittag Oberst Graf Stauffenberg gegenüber, der – wie es H. vorausgesagt hatte – auf mich einen tiefen

195

Eindruck machte. Stauffenberg und Hößlin waren Regimentskameraden (Kavallerieregiment 17 in Bamberg), und es herrschte zwischen beiden eine sehr freundschaftliche Atmosphäre. Nachdem St. an mich einige persönliche Worte des Kennenlernens gerichtet hatte, kam er ohne Umschweife auf das Kernthema zu sprechen, nämlich auf die möglichen Aufgaben der Abteilung im Falle des Umsturzes und deren Vorbereitung.

Keine Frage an mich, ob ich zu alldem bereit sei. St. genügte offenbar die Tatsache, daß H. mich mitgebracht hatte und ich sein Vertrauen genoß.

Was die Aufgaben unserer Abteilung anbetraf, so waren noch manche Fragen offen. Allerdings wurde schon davon gesprochen, daß es wohl darauf hinauslaufen würde, den Parteiapparat in Königsberg auszuschalten, zumal andere Einheiten mit vergleichbarer Kampfstärke wohl nicht zur Verfügung standen. Darüber hinaus sollte versucht werden, mit aller gebotenen Vorsicht weitere Offiziere für den Widerstand zu gewinnen. Aber auch über kleinere Stoßtrupp-Einheiten sollte nachgedacht werden, die zur Durchführung von Sonderaufgaben vorgesehen waren.

Was mich persönlich betraf, so sollte versucht werden, mich in das Führerbegleitbataillon zu versetzen, da seitens des Widerstandes praktisch keine Verbindung zum Führerhauptquartier bestand.

Nach etwa einer Stunde war die Besprechung beendet. Uns stand also der Nachmittag zur freien Verfügung, denn erst am späten Abend wollten wir den täglich zwischen Berlin und Lötzen verkehrenden Schlafwagenzug benutzen, um wieder nach Insterburg zurückzukehren. So konnten wir unser Vorhaben verwirklichen, einen Ausritt auf den Truppenübungsplatz Döberitz vorzunehmen. H. kannte in Krampnitz den Chef der 7. Schwadron, in der alle wertvollen Turnierpferde der einstigen Kavallerie-Schule vereinigt waren. Ein Anruf genügte, und die Pferde standen für uns gesattelt bereit.

Nach Insterburg zurückgekehrt, begannen wir sofort mit der Durchführung der gestellten Aufgaben. So fuhren wir z. B.

einige Tage später in das Führerhauptquartier (Wolfsschanze). Dort fand ein Gespräch mit Rittm. von Möllendorf statt, der mich über das PA anfordern sollte. Daraus wurde allerdings nichts, da meine Anforderung von der 7. Pz.Div. bereits lief und auch nicht rückgängig gemacht werden konnte.

Daraufhin wurde ich von H. mit der Führung einer Fahnenjunker-Inspektion beauftragt. Diese Funktion übte ich gut zwei Monate aus, bis zu meiner Versetzung an die Front, die am 14. 6. 44 erfolgte.

In dieser Zeit war es u. a. meine Aufgabe, unter den mir anvertrauten Fahnenjunkern vermeintlich zuverlässige Leute auszusuchen, die ggf. für Spezialeinsätze zur Verfügung stehen sollten. Die Auswahl war außerordentlich schwierig, da die Betroffenen aus verständlichen Gründen nicht ins Vertrauen gezogen werden durften. So blieb als Auswahlkriterium nur der persönliche Eindruck und die Einschätzung des Elternhauses, aus dem die Betreffenden stammten.

Bei Kriegsende bot sich mir allerdings die Möglichkeit, einige der damals ausgesuchten Kandidaten zu befragen, wie sie reagiert hätten, wenn man sie am 20. Juli auf der Seite des Widerstandes hätte einsetzen wollen. Ich war nämlich nach meiner letzten Verwundung in Litauen wieder als Lehroffizier an der Obfhr.-Schule 1 d. Pz.Truppen in Krampnitz bzw. später in Hadersleben/Dänemark, wo die gleichen Fahnenjunker ihren Lehrgang als Offiziersanwärter absolvierten. Die Befragung nach Kriegsende fiel sehr unterschiedlich aus. Mein Eindruck war, daß man nur bei wenigen Fahnenjunkern Einsicht in die politischen Zusammenhänge hätte erwarten können. Der Einfluß des politischen Umfeldes (HJ etc.) auf die jungen Menschen war nicht zu unterschätzen und machte auch vor Jugendlichen aus sog. guten Hause nicht halt. Nur entschlossenes Auftreten in der aktuellen Situation hätte vielleicht Erfolg gehabt. Ob es wirklich gelungen wäre, die Fahnenjunker mitzureißen, wird immer unbeantwortet bleiben, weil es dazu nicht gekommen ist.

In den zwei Monaten meines Aufenthaltes in Insterburg war ich dann immer wieder Zeuge der Bemühungen Hößlins, weitere Offiziere für den Widerstand zu gewinnen. Das verlief stets nach dem gleichen Muster. H. lud zu sog. Herrenabenden zu sich nach Hause ein, wozu 2–3 Offiziere des Standortes gebeten wurden. Dabei war ich stets der einzig Eingeweihte. Bei einem Glase Wein kam H. sehr bald auf die militärische Situation und schließlich auch auf die politischen Machenschaften der Nazis zu sprechen – ähnlich wie ich es auf der Fahrt zum Truppenübungsplatz in Polen erlebt hatte.

Die Reaktion der Offiziere war unterschiedlich, wenngleich ich in keinem Fall erlebt habe, daß sich jemand den Argumenten H.'s widersetzte. Das sprach für die richtige Einschätzung bei der Auswahl der Gäste. Dennoch möchte ich nicht verhehlen, daß ich manch bange Minuten erlebt habe, wenn der eine oder andere Gast immer schweigsamer wurde, sobald es um die Kernfrage des aktiven Widerstandes ging. Diese Frage wurde allerdings auch nie ausdiskutiert. Vielleicht behielt sich H. vor, dies in einem Gespräch unter vier Augen zu klären. Wenn sich die Runde auflöste, blieb ich gewöhnlich als letzter noch eine Weile da, um das Ergebnis der Unterhaltung mit H. zu diskutieren.

Mein Eindruck ist, daß sich die wenigsten – wenn überhaupt einer – zum aktiven Widerstand bekannt haben. Fast alle aber waren sie Sympathisanten, die einen Umsturz toleriert hätten und sich auf die Seite des Widerstandes gestellt hätten, sobald sich der Erfolg eingestellt hätte.

Nach meiner Versetzung zur 7. Pz.Div. blieb ich mit H. in ständigem brieflichen Kontakt. Einige Tage nach dem 20. Juli hatte ich noch mal Gelegenheit, mit H. zusammenzutreffen. Die 7. Pz.Div. befand sich in Litauen im Einsatz und wurde nach harten Kämpfen für wenige Tage zur Auffrischung aus der vordersten Linie herausgezogen. Diese Gelegenheit nutzten mein Abt.-Kommandeur und ich, für einen Tag in das etwa 200 km entfernte Insterburg zu fahren, um diejenigen Offiziere wiederzusehen, die uns von früher bekannt waren.

Während wir von den alten Kameraden im Kasino freudig begrüßt und über die Lage an der Front befragt wurden, nahm mich H. unauffällig zur Seite und berichtete mir über die Geschehnisse in der Wolfsschanze, über die er bis ins Detail informiert war. Vorsicht war geboten, so daß wir nur zu einem kurzen Gespräch Gelegenheit hatten. Natürlich ging es auch darum, inwieweit möglicherweise unsere Namen registriert sein könnten. H. war guten Mutes, nachdem schon einige Tage verstrichen waren, ohne daß er behelligt worden wäre. Auch unsere Korrespondenz, die immer als Dienstpost befördert worden war, schien offensichtlich nie in falsche Hände geraten zu sein. Einen Brief an H. allerdings, den ich am 20. Juli absenden wollte, konnte ich gerade noch zurückhalten, nachdem ich an der Front erst mit einiger Verzögerung von dem Attentat erfahren hatte.

Nach dem kurzen Gespräch im Kasino widmeten wir uns dann wieder dem Kreis der versammelten Offiziere. Bald nach dem gemeinsamen Mittagessen mußten mein Kommandeur und ich den Rückweg antreten, um unsere Truppe wegen der bestehenden Partisanengefahr noch vor Einbruch der Dunkelheit zu erreichen. Die Pz.Aufkl.Ausb.-Abteilung f.O.B. sollte am kommenden Tage nach Meiningen verlegt werden, weil sich die Front bereits der ostpreußischen Grenze näherte. So verabschiedeten wir uns von dem Kameradenkreis. Von Hößlin war es ein Abschied für immer.

Hannover, 5. November 1987

PERSONENREGISTER

202

BILDNACHWEIS

Bitte beachten Sie auch
die folgenden Seiten

Ludwig A. Rehlinger

Freikauf

Die Geschäfte der DDR
mit politisch Verfolgten 1963–1989

256 Seiten, gebunden

Wenn Ludwig A. Rehlinger, seinerzeit Staatssekretär im Innerdeutschen Ministerium, mit DDR-Rechtsanwalt Vogel zusammentraf, ging es um Schicksale und Geld. In den Jahren 1963 bis 1989 wurden 33 755 politisch Verfolgte aus der DDR freigekauft – für 3,5 Milliarden Mark. Jetzt, wo dieses denkwürdige Kapitel deutscher Nachkriegsgeschichte abgeschlossen ist, berichtet der Hauptakteur auf westlicher Seite über die Hintergründe dieses dunklen, einzigartigen »Geschäfts«. Und über die bewegenden Schicksale all jener, die auf diesem Weg in die Freiheit gelangten.

Ullstein

Sabine Bergmann-Pohl

Abschied ohne Tränen

Rückblick auf das Jahr der Einheit

208 Seiten, 16 Seiten Abbildungen, gebunden

Ein halbes Jahr lang amtierte sie als Staatsoberhaupt der DDR, eine Unbekannte, über Nacht ins Rampenlicht der Öffentlichkeit geraten: die Ärztin Sabine Bergmann-Pohl. Sehr persönlich berichtet sie über ihr Leben in der früheren DDR und über jene dramatischen Monate, in denen deutsche Geschichte geschrieben wurde.

Ullstein

116/34 - 11